Perspektive Deutsch
Kommunikation am Arbeitsplatz A2 / B1+

Übungsbuch

von
Lourdes Ros
Susanne Anane
Roberta Basilico
Şerife Şanlı
Olga Swerlowa

Ernst Klett Sprachen
Stuttgart

Symbole

▶ 1 Titelnummer auf der Audio-CD im Kursbuch

↱ 36/1b Verweise auf Aufgaben im Kursbuch

🙎🙎 Aufgabe für Partnerarbeit

🙎🙎🙎 Aufgabe für Gruppenarbeit

1. Auflage 1 ^{6} ^{5} ^{4} | 2018 17 16

Autorinnen Lourdes Ros, Susanne Anane, Roberta Basilico, Şerife Şanlı, Olga Swerlowa
Beratung Lourdes Ros, München; Anna Lüffe, Bundesamt für Migration und Flüchtlinge,
Köln; Jörg Deppe, Bielefeld

Redaktion Annette Kuppler
Layoutkonzeption Marion Köster, Stuttgart; Claudia Stumpfe
Herstellung Claudia Stumpfe
Gestaltung und Satz Marion Köster, Stuttgart
Illustrationen Vera Brüggemann, Bielefeld
Umschlaggestaltung Anna Poschykowski
Reproduktion Meyle + Müller, Medien-Management, Pforzheim
Druck und Bindung LCL Dystrybucja Sp. z o.o.
Printed in Poland

ISBN 978-3-12-675348-7

Inhalt

So arbeiten Sie mit *Perspektive Deutsch* – Übungsbuch

Das Übungsbuch dient der Vertiefung und Erweiterung der Aufgaben im Kursbuch.
Jede Lektion besteht aus:

· Übungen zu den Modulen aus dem Kursbuch
· Fachtexte knacken
· Schreibtraining
· Test

Übungen

Zu den Porträtseiten und den Modulen A bis E aus jeder Lektion im Kursbuch finden Sie passende Übungen zur Festigung und Erweiterung von Wortschatz, Redemitteln und Grammatik.

Sie können die Übungen parallel zum Kursbuch im Unterricht einsetzen. Verweise zeigen Ihnen, zu welcher Aufgabe im Kursbuch die Übung passt.
Diese Übung führen Sie am besten nach Aufgabe 2 c auf der Seite 32 im Kursbuch durch.

Einige Übungen basieren auf Hörtexten aus dem Kursbuch. Die Angaben zu den Tracks beziehen sich auf die Audio-CD im Kursbuch.
Spielen Sie für diese Übung Track 22 von der CD ab.

Die **Transkriptionen der Hörtexte** finden Sie als Download unter www.klett-sprachen.de/perspektivedeutsch

Fachtexte knacken

Diese Aufgabenfolgen zeigen den Lernenden, wie sie sich Fachtexte über typische Grammatikstrukturen und wichtige Wortschatz erschließen können.

In jeder Lektion wird ein bestimmtes Phänomen behandelt.

Nutzen Sie die erste Aufgabe, um ein globales Verständnis des Textes im Kurs zu sichern.

Die Texte sind authentisch und jeweils aus der Branche, die zur Porträtseite der Lektion im Kursbuch passt.

Erweitern Sie die Aufgaben und lassen Sie die Lernenden die behandelten Phänomene in Fachtexten aus ihren jeweiligen Berufen suchen. Besprechen Sie, wie sie das Phänomen in diesen Texten „knacken" können.

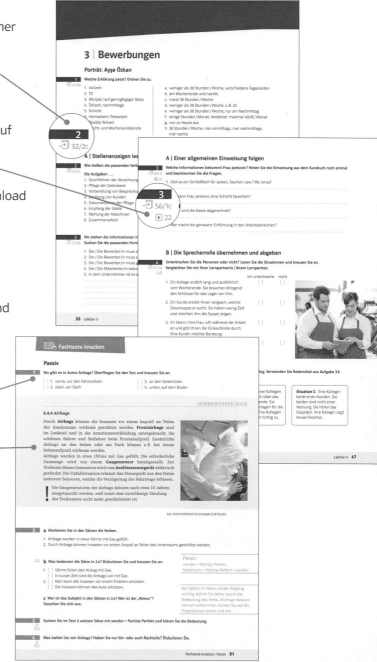

Schreibtraining

Auf diesen Seiten vertiefen die Lernenden die im Kursbuch behandelten schriftlichen Textsorten.

Die Aufgaben links trainieren grundlegende Schreibfertigkeiten. Sie sind zum großen Teil geschlossen und bieten viele Hilfestellungen für die schriftliche Produktion.

Die Aufgaben rechts erweitern vor allem Wortschatz und Redemittel. Den Abschluss bildet eine freie schriftliche Produktion.

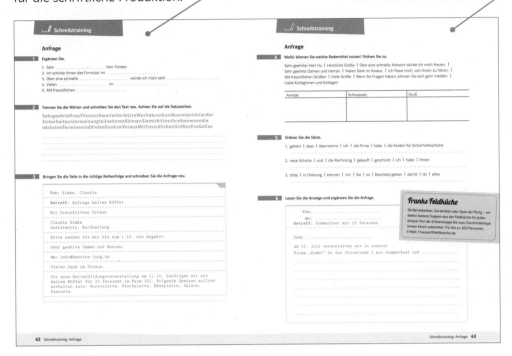

Die Lernenden können je nach Lernstand im Unterricht nur eine der beiden Seiten oder beide Seiten nacheinander bearbeiten. Nutzen Sie daher das Schreibtraining zur Binnendifferenzierung im Kurs.

Tests

In den Tests werden die Lerninhalte der Module A bis E aus dem Kurs- und dem Übungsbuch überprüft. Sie können sie zur Lernfortschrittskontrolle im Kurs einsetzen oder von den Lernenden selbstständig bearbeiten lassen.

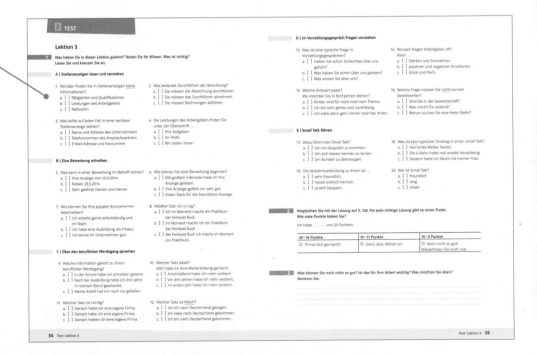

1 | Berufliche Orientierung

Porträt

1
7/2

a Sie haben die anderen im Kurs kennen gelernt. Schreiben Sie einen kurzen Text über eine andere Person.

Er / Sie ist seit ....

....

....

....

b Lesen Sie den Text im Kurs vor, ohne den Namen zu nennen. Die anderen raten, wen Sie meinen.

> Er ist seit zehn Jahren in Deutschland und hat schon eine Umschulung gemacht.

> Das ist Fatih!

> Oder Martin.

A | Über beruflich relevante Kompetenzen sprechen

2
8/1b

a Ergänzen Sie die Tabelle und vergleichen Sie mit S. 17 im Kursbuch.

Singular			Plural		
ich	kann		wir		
du		Sie .... (formell)	ihr		Sie .... (formell)
er / es / sie			sie		

b Was passt? Ergänzen Sie die richtige Form von *können*.

1. Eine Köchin .... gut kochen.
2. Verkäufer .... gut mit Menschen umgehen.
3. In fast jedem Beruf sollte man heute gut mit dem Computer umgehen ....
4. Mehmet .... mehrere Dinge gleichzeitig tun. Das nennt man Multitasking.
5. Ihr .... bestimmt gut zeichnen, oder?
6. Ich .... das nämlich nicht so gut.
7. .... du Dinge reparieren?
8. Dann .... du vielleicht Hausmeister in einer Schule werden.

3

9/4

a Was können Sie besonders gut? Wo liegen Ihre Stärken? Lesen Sie und kreuzen Sie an.

Meine Kompetenzen: Was ich gut kann!

	++	+	−	−−
Ich kann gut im Kopf rechnen.	☐	☐	☐	☐
Ich kann gut ein Organigramm lesen.	☐	☐	☐	☐
Ich kann mit Werkzeugen umgehen.	☐	☐	☐	☐
Ich kann am Telefon gut auf Fragen antworten.	☐	☐	☐	☐
Ich kann erklären, wie eine Maschine funktioniert.	☐	☐	☐	☐
Ich kann sehr konzentriert arbeiten.	☐	☐	☐	☐
Ich kann Anweisungen gut verstehen.	☐	☐	☐	☐
Ich kann Gezeigtes schnell nachmachen.	☐	☐	☐	☐
Ich kann Kritik annehmen.	☐	☐	☐	☐
Ich kann gut Notizen machen.	☐	☐	☐	☐
Ich kann Stress aushalten.	☐	☐	☐	☐
Ich kann …	☐	☐	☐	☐

b Geben Sie den Fragebogen einer Person, die Sie gut kennt. Was kreuzt die Person über Sie an? Vergleichen Sie und sprechen Sie darüber.

B | Sich über Berufsfelder informieren

4

10/1a

Welches Bild passt zu welchem Berufsfeld? Ordnen Sie zu.

[ ] a. Gesundheit / Soziales
[ ] b. Hotellerie / Gastronomie
[ ] c. Verkehr / Lager / Logistik
[ ] d. IT / Datenverarbeitung
[ ] e. Bau / Architektur
[ ] f. Landwirtschaft / Natur / Umwelt

5

11/1d

a In welchen Berufen können Sie sich vorstellen zu arbeiten? Notieren Sie 3 Berufe jeweils auf eine Karte.

b Legen Sie die Karten verdeckt auf den Tisch. Ziehen Sie reihum jeweils eine Karte und spielen Sie den Beruf pantomimisch vor. Die anderen raten.

6　**a** In welchem Berufsfeld suchen Sie nach für Sie interessanten Stellenanzeigen?
Markieren Sie in A und B.

Bürowesen	Logistik, Lager & Verkehr
Einkauf & Beschaffung	Management
Finanzdienstleistungen	Marketing, Werbung & PR
Gastgewerbe & Tourismus	Personalwesen
Gesundheitswesen	Rechnungswesen
Handel, Vertrieb & Verkauf	Recht & Steuern
Handwerk & Produktion	Sozialwesen
Hilfstätigkeiten	Technische Berufe
IT & Datenverarbeitung	Weitere Bereiche

A

nach: meinestadt.de

Vertrieb/Verkauf　　Soziale Berufe　　Medizinische Berufe
Gastronomie　　Handwerker　　Kaufmännische Berufe　　Fahr- und Kurierdienste
Reinigungskräfte　　Lehrstellen　　Aushilfen　　Sonstige

B

nach: Stuttgarter Wochenblatt

b Vergleichen Sie die Einteilung der Berufsfelder mit S. 10 im Kursbuch. Beantworten Sie die Fragen.

1. Zu welchem Berufsfeld gehört Ihr Beruf?
   Kursbuch: ....
   A (Internet): ....
   B (Zeitung): ....

2. Welche Berufsfelder kommen für Sie vielleicht noch in Frage? ....
   ....

3. Welche Berufsfelder sind für Sie nicht interessant? ....
   ....

7　**a** Gehen Sie auf www.arbeitsagentur.de → BERUFENET. Suchen Sie nach Berufsfeldern.
11/3　Wählen Sie ein interessantes Berufsfeld aus. Welche Berufe finden Sie? Welche kennen Sie?

b Wählen Sie einen Beruf aus und informieren Sie sich. Beantworten Sie die Fragen
und erstellen Sie einen Steckbrief für den Beruf.

Was macht man in diesem Beruf?
Wo arbeitet man?
Worauf kommt es an? Welche Kompetenzen und Fähigkeiten sind wichtig?
Welcher Schulabschluss wird erwartet?
Welche Alternativen gibt es?

c Zu manchen Berufen gibt es in BERUFENET auf den Seiten rechts unten Steckbriefe.
Suchen und vergleichen Sie.

C | Berufliche Ziele und Pläne beschreiben

8 12/2b

Welche Form passt nicht? Streichen Sie durch.

1. Maari   möchtest | möchte   als Kosmetikerin arbeiten.
2. Was   willst | will   du beruflich machen?
3. In drei Jahren   möchte | möchten   ich keinen Deutschkurs mehr machen.
4. Frau Galuschka   will | wollt   als Erzieherin arbeiten.
5. Wir   würde | würden   gern am Ende des Kurses Arbeit finden.
6. Würdest | Würde   du gern in einer Fabrik arbeiten?
7. Ich   möchte | möchten   lieber in einer Werkstatt arbeiten.
8. Sie   wollt | will   noch einen Englischkurs machen.
9. Möchte | Möchten   jemand im Zoo arbeiten?
10. Die meisten Menschen   würde | würden   gern eine unbefristete Stelle finden.

9 *wollen, möchte_* oder *würde_ gerne*? **Ergänzen Sie die Modalverben in der richtigen Form.**

In drei Jahren .... (1) ich unbedingt eine eigene Firma haben. Dafür werde ich alles tun.
Ich bin Bauzeichner und .... (2) auch in Deutschland in diesem Beruf arbeiten.
In einem anderen Beruf zu arbeiten, kann ich mir nur schwer vorstellen. Ich .... (3) auch
mein Praktikum als Bauzeichner machen und hoffe sehr, dass es klappt. Außerdem ....
ich .... (4) mein Englisch verbessern, aber ich habe zurzeit nicht das Geld für einen Kurs.

D | Fragen zur beruflichen Orientierung verstehen

10 13/1b

a Bilden Sie Fragen.

1. Was | Beruf | sind | von | Sie

....?

2. Wie | Sie | Berufserfahrung | haben | viel

....?

3. Haben | gearbeitet | Sie | in | schon | Deutschland

....?

4. Haben | ein | Sie | Deutsch-Zertifikat

....?

5. Wo | Praktikum | Sie | möchten | das | machen

....?

6. Möchten | mit | noch | Sie | besprechen | etwas | mir

....?

b Welche Fragen muss man in Beratungsgesprächen noch oft beantworten? Sammeln Sie.

> Können Sie gut mit dem Computer umgehen? ...

c Wählen Sie einige Fragen aus und spielen Sie ein Beratungsgespräch.

11

13/2

müssen oder sollten? Ergänzen Sie die Modalverben in der richtigen Form.

1. Ewa .... ihre PC-Kenntnisse verbessern. Der Arbeitsvermittler empfiehlt ihr einen Kurs.
2. Vielleicht .... du deinen Arbeitsvermittler nach einer Lösung fragen?
3. Wenn man einen Ratschlag bekommt, ... man ihn einhalten, muss das aber nicht.
4. Wenn Sie Englisch brauchen, ... Sie es lernen.
5. Der Arzt empfiehlt mir eine Kur. Er sagt, ich .... auch nicht rauchen.
6. Morgen hat David einen Termin. Wenn er nicht zu spät kommen will, ... er früh aufstehen.
7. Ich bin Diabetiker und .... manchmal morgens zum Arzt.
8. Ihr .... jetzt losgehen, sonst verpasst ihr vielleicht den Bus.

F | Schlüsselqualifikationen

12

15/2b

Welches Adjektiv passt? Ergänzen Sie.

zuverlässig | pünktlich | kundenorientiert | interkulturell kompetent | motiviert | teamfähig | flexibel | konfliktfähig

1. Frau Miller ist Verkäuferin. Sie erkennt die Wünsche von Kunden. Sie ist ....
2. Hier legt man großen Wert auf die Einhaltung von Terminen. Deshalb bin ich ....
3. Mein alter Chef hat gesagt, dass er sich auf mich verlassen kann. Ich bin ....
4. Anna Bakovska war drei Jahre wegen ihrer Kinder zu Hause. Sie freut sich darauf,
   wieder arbeiten zu gehen, sie ist sehr ....
5. Charles Hougbo arbeitet gerne mit Menschen aus verschiedenen Kulturen zusammen.
   Er ist ....
6. Ich kann sehr gut mit anderen zusammenarbeiten. Ich bin ....
7. Darian Rohani kann gut reagieren, wenn es Probleme mit anderen gibt.
   Er sucht dann sofort eine gute Lösung. Er ist ....
8. Mich stört es nicht, wenn sich öfter etwas verändert. Ich bin sehr ....

13

15/3b

Was bedeuten die Schlüsselqualifikationen? Sammeln Sie Beispiele und gestalten Sie gemeinsam ein Poster. Hängen Sie das Poster im Kursraum auf.

Man grüßt Kunden und lächelt.

Freundlichkeit

Teamfähigkeit

Zuverlässigkeit

Interkulturelle Kompetenz

Verben und Ergänzungen

1 **Was macht ein/e Sommelier / Sommelière? Überfliegen Sie den Text und kreuzen Sie an.**

Er / Sie [ ] 1. serviert die Getränke in einem Lokal.

        [ ] 2. kauft und verkauft Wein.

        [ ] 3. kümmert sich um alles rund um Wein.

BIC.at BerufsInformationsComputer   SUCHEN   ⊳   ✕

Berufsbeschreibung	**BERUFSBESCHREIBUNG Sommelier / Sommelière**
Anforderungen Ausbildung Alternativen/Spez. Weiterbildung Links	Sommeliers / Sommelièren arbeiten in – meist gehobenen – Gastronomiebetrieben, wo sie für die Weinauswahl zuständig sind. Sie <u>informieren</u> die Gäste <u>über</u> das Weinangebot, beraten über die zu den Speisen passenden Weine, <u>nehmen</u> die Weinbestellung <u>entgegen</u> und sind für das Weinservice zuständig. Sie dekantieren die Weine und <u>wählen</u> die entsprechenden Gläser <u>aus.</u> Zu den Aufgaben der Sommeliers / Sommelièren gehört auch der Einkauf der Weine: Auf Fachmessen, im Weinhandel und bei WinzerInnen informieren sie sich über neue Weinsorten, Trends und Weinqualitäten, sie verkosten Weine und stellen das Weinsortiment für den Gastronomiebetrieb zusammen. Darüber hinaus sorgen sie für die fachgerechte Lagerung der Weine, <u>schulen</u> MitarbeiterInnen und <u>organisieren</u> Weinverkostungen. Sommeliers / Sommelièren <u>arbeiten mit</u> anderen Restaurantfachleuten, KöchInnen und Küchenhilfskräften <u>zusammen</u> und haben selbstverständlich Kontakt zu ihren Gästen.

aus: BIC.at, BerufsInformationsComputer, Internetseite der Wirtschaftskammer Österreich

---

2

a **Sehen Sie sich die Verben aus dem Text an und klären Sie ihre Bedeutung.**

informieren über | entgegennehmen | auswählen | schulen | organisieren | zusammenarbeiten mit

b **Welche Ergänzungen können die Verben aus 2a haben? Erstellen Sie Übersichten.**

wen? (Akk.) — worüber? (Präposition + Akk.)   wer? (Nom.)

(informieren)   (auswählen)

wer? (Nom.)   was? (Akk.)

3

a **Welche Ergänzungen könnten zu den Verben im Text stehen? Diskutieren Sie.**

● Bei *informieren* steht im Nominativ bestimmt ein Sommelier.

○ Ja, und im Akkusativ vielleicht Kunden in einem Laden. Ein Sommelier informiert Kunden.

b **Markieren Sie die Ergänzungen im Text und vergleichen Sie mit Ihren Hypothesen aus 3a.**

c **Analysieren Sie 2 weitere Verben aus dem Text.**

> Sie können Fachtexte leichter verstehen, wenn Sie **von den Verben ausgehen.** Klären Sie zuerst ihre Bedeutung und suchen Sie dann die Ergänzungen.

---

4 **Was wissen Sie jetzt über die Tätigkeiten von Sommeliers / Sommerlièren? Tauschen Sie sich aus.**

Beschreibung Traumarbeitsplatz

1 Welche Berufe sind hier versteckt? Markieren Sie und notieren Sie.

KOCHCVRRBKRANKENPFLEGERMGDLAGERISTHRBKELLNERINNFRHFERZIEHERING
RBNVERKÄUFERINHBTRINGENIEURINMFTELEKTRIKERWRGÄRTNERINTLARCHITEKT
BQBUSFAHRERHTFDSEKRETÄRINTMJFRISEURINMFR

....
....
....

2 Was fehlt? Ergänzen Sie die passenden Buchstaben.

1. äu oder eu
   Verk........fer, D........tschland, Tr........me, fr........ndlich, Fris........r, Geb........de

2. e oder ä
   G........rtnerei, r........parieren, umg........hen, Sekret........rin, r........chnen, schw........r, sp........t

3 Wie kann man den Traumarbeitsplatz beschreiben? Ordnen Sie die Stichworte zu.

ein sympathischer Chef | halbtags | mit Menschen | selbstständig arbeiten | Vollzeit | erziehen |
Ruhe | auf einer Baustelle | nachts | an einer Maschine | in einem Laden | in einem Krankenhaus |
zu Hause | Teilzeit | im Team | eine große Werkstatt | kreativ | nette Kollegen | viel Licht |
im Schichtdienst | draußen | entwerfen | Spaß | organisieren | planen | eine Kaffeemaschine |
freundliche Leute | im Zentrum der Stadt | nur am Wochenende | …

Wann?	Wo?	Wie?	Was machen?	Was ist noch wichtig?

4 Ergänzen Sie mit Informationen über Ihren persönlichen Traumarbeitsplatz.

In drei Jahren möchte ich gern in .... (Firma)
als .... (Beruf) arbeiten. Ich möchte gerne ....
.... oder .... (Aufgaben/Tätigkeiten), weil
ich das gut kann. Mein Arbeitsplatz sollte .... und .... sein.
Meine Kollegen sollten .... und .... sein.
Am liebsten würde ich von .... bis .... (Arbeitszeit) arbeiten und ich hätte
gern ....

Beschreibung Traumarbeitsplatz

5 **Was passt zusammen? Verbinden Sie.**

1. Medikamente	a. messen
2. Gäste	b. verteilen
3. Kabel	c. gießen
4. Fieber	d. kontrollieren
5. Steckdosen	e. verlegen
6. Bäume	f. zubereiten
7. Desserts	g. pflanzen
8. Pflanzen	h. beraten

6 **Ordnen Sie die Aufgaben aus 5 zu und ergänzen Sie die Tabelle für Ihren Beruf.**

Krankenpflegerin	Gärtner	Köchin	Elektriker	Mein Beruf

7 **Kombinieren Sie und schreiben Sie 3 Sätze, die auf Sie zutreffen. Ergänzen Sie, falls nötig.**

Am liebsten	möchte	ich	halbtags	mit Menschen	arbeiten.
Ich	würde	gern	Vollzeit	auf einer Baustelle	
In drei Jahren			nachts	in einem Laden	
			im Schichtdienst	von zu Hause aus	
				in einem Hotel	

....

....

....

8 **Wie sollte Ihr Arbeitsplatz auf keinen Fall sein? Schreiben Sie einen Text und beantworten Sie dabei die Fragen.**

Wo möchten Sie sicher nicht arbeiten? Was für eine Firma kommt für Sie gar nicht in Frage? Was möchten Sie nie machen müssen? Wann möchten Sie auf keinen Fall arbeiten? Wie darf Ihr Arbeitsplatz nicht aussehen? Wie sollen Ihre Kollegen nicht sein?

....

....

....

....

Lektion 1

1 Was haben Sie in dieser Lektion gelernt? Testen Sie Ihr Wissen. Was ist richtig?
Lesen Sie und kreuzen Sie an.

A | Über beruflich relevante Kompetenzen sprechen

1. Sie sprechen über berufliche Kompetenzen.
   Was passt <u>nicht</u>?
   Ich kann gut … umgehen.
   a. [ ] mit Menschen
   b. [ ] mit dem Computer
   c. [ ] mit meinen Kindern

2. Eine Verkäuferin kann gut …
   a. [ ] tun gleichzeitig mehrere Dinge.
   b. [ ] gleichzeitig mehrere Dinge tun.
   c. [ ] mehrere Dinge tun gleichzeitig.

3. Welcher Satz beschreibt <u>keine</u> Fähigkeit?
   a. [ ] Er kann mit Werkzeugen umgehen.
   b. [ ] Sie kann Kritik annehmen.
   c. [ ] Sie können nächste Woche kommen.

4. Sie bitten einen Profi um Hilfe.
   a. [ ] Können Sie meine Steckdose reparieren?
   b. [ ] Kann sie meine Steckdose reparieren?
   c. [ ] Konnt ihr meine Steckdose reparieren?

B | Sich über Berufsfelder informieren

5. Welcher Beruf gehört <u>nicht</u> zum Berufsfeld
   Gesundheit / Soziales?
   a. [ ] Kinderpfleger/in
   b. [ ] Altenpfleger/in
   c. [ ] Buchhalter/in

6. Was ist <u>kein</u> Berufsfeld?
   a. [ ] IT / Datenverarbeitung
   b. [ ] Lagerist
   c. [ ] Handel / Verkauf

7. Das Berufsfeld *Metall / Maschinenbau* gehört
   zu den …
   a. [ ] technischen Berufen.
   b. [ ] kaufmännischen Berufen.
   c. [ ] Dienstleistungen.

8. Was finden Sie in BERUFENET?
   a. [ ] ein berufliches Netzwerk
   b. [ ] Freunde
   c. [ ] Informationen über Berufe

C | Berufliche Ziele und Pläne beschreiben

9. Welcher Satz ist richtig?
   a. [ ] Jana möchte als Friseurin arbeiten.
   b. [ ] Jana möchtet als Friseurin arbeiten.
   c. [ ] Jana möchten als Friseurin arbeiten.

10. Welcher Satz beschreibt <u>keinen</u> Wunsch?
    a. [ ] Ich möchte ein eigenes Büro haben.
    b. [ ] Ich würde gerne in der Baubranche
       arbeiten.
    c. [ ] Ich kann nur vormittags arbeiten.

11. Was ist Ihr berufliches Ziel?
    a. [ ] Ich möchte gerne gut verdienen.
    b. [ ] Früher habe ich gut verdient.
    c. [ ] Geld ist mir wichtig.

12. Sie beschreiben Ihren Traumarbeitsplatz.
    Worüber schreiben Sie <u>nicht</u>?
    a. [ ] Aufgaben
    b. [ ] Urlaubspläne
    c. [ ] Arbeitszeiten

D | Fragen zur beruflichen Orientierung verstehen

13. Welche Frage stellt Ihre Beraterin im Kurs wahrscheinlich <u>nicht</u>?
    a. [ ] Was möchten Sie beruflich machen?
    b. [ ] Haben Sie gut geschlafen?
    c. [ ] Sprechen Sie Englisch?

14. Wie fragt die Beraterin nach Ihrer Berufserfahrung?
    Haben Sie schon …
    a. [ ] mit Ihrem Arbeitsvermittler gesprochen?
    b. [ ] über eine Alternative nachgedacht?
    c. [ ] in Ihrem Beruf gearbeitet?

15. Was hält die Beraterin für eine Arbeit im Büro für notwendig?
    a. [ ] Sie sollten sich die Nägel lackieren.
    b. [ ] Sie müssen gute PC-Kenntnisse haben.
    c. [ ] Sie dürfen guten Kaffee kochen.

16. Welcher Satz ist richtig?
    a. [ ] Sie sollten den Arbeitsvermittler fragen.
    b. [ ] Sie solle den Arbeitsvermittler fragen.
    c. [ ] Sie sollt den Arbeitsvermittler fragen.

E | Aktiv zuhören

17. Wie zeigt man in Deutschland, dass man zuhört?
    Man schaut …
    a. [ ] dem Gesprächspartner auf die Hände.
    b. [ ] den Gesprächspartner nicht an.
    c. [ ] dem Gesprächspartner in die Augen.

18. Was sagt man in Deutschland sehr oft, wenn man zuhört?
    a. [ ] Nichts.
    b. [ ] Alles, was einem einfällt.
    c. [ ] Hmhm.

19. Was drückt <u>keine</u> Überraschung aus?
    a. [ ] Ach so?
    b. [ ] Ja?
    c. [ ] Oh je.

20. Was drückt Skepsis aus?
    a. [ ] Na ja.
    b. [ ] Ach so.
    c. [ ] So was.

2 Vergleichen Sie mit der Lösung auf S. 126. Für jede richtige Lösung gibt es einen Punkt. Wie viele Punkte haben Sie?

Ich habe .... von 20 Punkten.

20–16 Punkte	15–11 Punkte	10–0 Punkte
☺ Prima! Gut gemacht!	☺ Ganz okay. Weiter so!	☹ Noch nicht so gut! Wiederholen Sie noch mal.

3 Was können Sie noch nicht so gut? Ist das für Ihre Arbeit wichtig? Was möchten Sie üben? Notieren Sie.

....

....

....

2 | Auf Arbeitssuche

Porträt: Mario Montenari

19/2b

1 Was passt zusammen? Ordnen Sie zu.

1. Verantwortung
2. Engagement
3. Fahrgäste
4. Chance
5. pflichtbewusst
6. Schichtdienst
7. kundenorientiert
8. Flexibilität

a. Menschen, die mit Bus, Zug oder Straßenbahn fahren.
b. Eine gute Möglichkeit / Gelegenheit.
c. Ich weiß, was ich tun muss / soll. Ich bin …
d. Ich passe mich einfach und schnell neuen Situationen an. Ich zeige …
e. Mein Motto ist: der Kunde ist König! Ich bin …
f. Etwas ist mir wichtig. Deshalb versuche ich mein Bestes und zeige …
g. Variable Arbeitszeiten: eine Woche vormittags, eine nachmittags.
h. Ich sorge für gute und richtige Arbeit. Ich trage die …

2 **a** Was ist in den Berufen wichtig? Diskutieren Sie und ordnen Sie zu.

Organisationstalent | freundliches Auftreten | Lernbereitschaft | Informatikkenntnisse |
Kreativität | Verantwortungsbewusstsein | Kommunikationsfähigkeit | Flexibilität | Spaß am Basteln |
technisches Verständnis | Belastbarkeit in Stresssituationen | Fremdsprachenkenntnisse | Sorgfalt |
Konfliktfähigkeit | Teamfähigkeit | Engagement

Organisationstalent

Kinderpfleger/in

Mechatroniker/in

b Und in Ihrem Beruf? Notieren Sie.

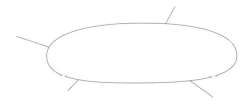

A | In Beratungsgesprächen Fragen stellen

3

20/1c

Welche Informationen braucht Ihr/e Arbeitsvermittler/in in einem Beratungsgespräch von Ihnen? Welche brauchen Sie? Kreuzen Sie an und ergänzen Sie.

	Arbeitsvermittler/in	Sie
1. Aktuelle Arbeit	[x]	[ ]
2. Ausbildung / Studium im Herkunftsland	[ ]	[ ]
3. Anerkennung des Abschlusses	[ ]	[ ]
4. Gewünschte Arbeitszeiten	[ ]	[ ]
5. Fortbildungen, Kurse	[ ]	[ ]
6. Bezahlung	[ ]	[ ]
7. Deutschkenntnisse (Zertifikat)	[ ]	[ ]
8. Arbeitslosengeld	[ ]	[ ]
9. Bewerbungen: wo?	[ ]	[ ]
10. Berufserfahrung	[ ]	[ ]
11. Übersetzung der Zeugnisse	[ ]	[ ]
12. Mobilität (Führerschein, reisebereit)	[ ]	[ ]
....	[ ]	[ ]

4

21/3b

a Bilden Sie Fragen an eine/n Arbeitsvermittler/in und ergänzen Sie die Tabelle.

1. kann | anerkennen lassen | meinen Abschluss | ich
2. wie | dauert | lange
3. viel | man | in diesem Beruf | wie
4. helfen | mir | wer | bei der Bewerbung
5. die Arbeitsagentur | eine Umschulung
6. weiter | bekomme | Leistungen | ich

Fragewort	Verb	Subjekt	
1. Wo			
2.		die Ausbildung?	
3.	verdient		
4.	kann		
5.	Bezahlt		
6.			von der Arbeitsagentur?

b Welche Antwort passt zu den Fragen in 4a? Ordnen Sie zu.

[ ] a. Drei Jahre.
[ ] b. Ja, Sie bekommen weiterhin Arbeitslosengeld.
[ ] c. Am besten fragen Sie Ihre/n Berater/in im Deutschkurs.
[ ] d. Zwischen 1500 und 3000 Euro brutto.
[ ] e. Bei einer zuständigen Stelle für die Anerkennung.
[ ] f. Ja, wir können Ihnen dafür einen Bildungsgutschein ausstellen.

B | Im Internet Stellenangebote finden

5
22/1b

Welche Erfahrungen haben Sie mit Internetseiten zur Stellensuche? Welche kennen Sie?
Erstellen Sie eine kommentierte Linkliste und erweitern Sie sie im Verlauf des Kurses.

> www.jobscout24.de - Ist sehr gut für Berufe im Bereich ...
>
> www.jobboerse.arbeitsagentur.de - Hier findet man alle ...
>
> ...

6
22/2c

a Gehen Sie auf www.arbeitsagentur.de → JOBBÖRSE. Suchen Sie eine Stelle als Busfahrer in Berlin.
Wo geben Sie die Suchkriterien ein? Ordnen Sie zu.

Berlin | Busfahrer | Arbeit

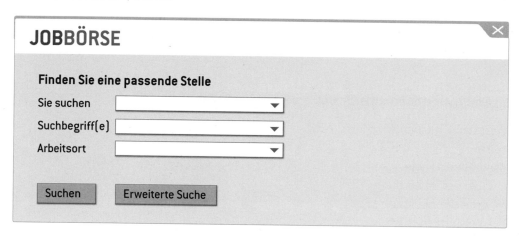

b Was passiert, wenn Sie auf *Erweiterte Suche* klicken? Kreuzen Sie an.

[ ] 1. Die Eingabefelder auf der Seite sind danach größer.
[ ] 2. Ich komme auf eine neue Seite. Dort kann ich
verschiedene andere Suchkriterien eingeben.
[ ] 3. Ich komme auf eine neue Seite. Dort finde ich
eine Liste mit Stellenangeboten.

> Internetseiten mit Suchfunktionen
> bieten oft zwei Möglichkeiten für die
> Suche. Unter **Erweiterte Suche**
> können Sie mehr Kriterien eingeben
> und bekommen dadurch genauere
> Suchergebnisse.

c Sie möchten Ihre Suche eingrenzen. In welche Felder geben Sie weitere Informationen ein?
Wie formulieren Sie sie? Verbinden Sie und probieren Sie es in der JOBBÖRSE aus.

1. Sie suchen eine Vollzeitstelle.	Betriebsgröße	a. 01.02.2014
2. Sie möchten keine Fernreisen.	Befristung	b. 50
3. Sie wohnen in 10779 ...	Beginn der Tätigkeit	c. unbefristet
4. Sie arbeiten gern in kleinen Firmen.	Nur Stellen ohne folgende Begriffe	d. 10779
5. Sie suchen eine unbefristete Stelle.	Postleitzahl	e. Vollzeit
6. Sie können ab 01.02. arbeiten.	Arbeitszeit	f. klein (0–50 MA)
7. Sie möchten max. 50 km zur Arbeit fahren.	Umkreis	g. Fernreisen

C | Informationen zu einem Stellenangebot verstehen

7 Ordnen Sie und bilden Sie Sätze.

23/2b

1. habe | Berufserfahrung | aber | viel | ich
Meine Ausbildung konnte ich nicht abschließen, _____ .

2. arbeiten | im | denn | wir | Schichtdienst
Ich habe flexible Arbeitszeiten, _____ .

3. kümmern | ich | um | Kinder | die | und | muss | manchmal | mich
Meine Frau arbeitet _____ .

4. Pause | ich | alle | machen | vier Stunden | muss | sondern | eine
Ich darf nicht lange am Stück fahren, _____ .

5. oder | abholen | Sie | ihn | im | möchten | Personalbüro
Dürfen wir Ihnen den Vertrag zuschicken _____ ?

8 **a** Welche Informationen über Unternehmen stehen oft in Stellenanzeigen? Kreuzen Sie an.

23/4

[ ] Adresse   [ ] Anzahl der Mitarbeiter   [ ] Geschäftsführer/in oder Inhaber/in
[ ] Branche   [ ] Geschäftszahlen (z. B. Umsatz)   [ ] Informationen zur Geschichte

b Gehen Sie im Internet auf die Seite eines Unternehmens, das Sie interessiert.
Suchen Sie Informationen zu den Stichworten und notieren Sie sie in der Tabelle.

Name und Adresse	
Branche	
Standorte (Hauptsitz, Filialen)	
Anzahl der Mitarbeiter	
Umsatz	
Unternehmenspolitik	

D | Einen Lebenslauf schreiben

9 Zu welchen Teilen des Lebenslaufs passen die Informationen? Ordnen Sie zu und notieren Sie
25/1b die passenden Buchstaben.

A: Persönliche Daten   B: Berufstätigkeit   C: Fort- und Weiterbildung
D: Schul- und Ausbildung   E: Weitere Kenntnisse

[ ] 1. Aufenthaltsstatus: unbefristete Aufenthalts- und Arbeitserlaubnis
[ ] 2. Sprachen: Arabisch (Muttersprache), Englisch (B2)
[ ] 3. Buchhalterin bei Siemens, Montevideo / Uruguay
[ ] 4. Mittelschule in Omsk, Russland, Mittlerer Schulabschluss
[ ] 5. Praktikum als Lagerist bei Auto Meier, Wiesbaden
[ ] 6. 02 / 1994 – 12 / 1999: Familienphase
[ ] 7. Abschluss entspricht dem deutschen Abitur
[ ] 8. Führerschein Klasse B
[ ] 9. Fortbildung: Interkulturelle Kompetenz in Verkaufsgesprächen

10 Lesen Sie und kreuzen Sie an.

Der optimale Lebenslauf
Was raten die Experten? Testen Sie Ihr Wissen!

	richtig	falsch
1. Ein Lebenslauf sollte so lang wie möglich sein. Je länger, desto besser.	[ ]	[ ]
2. Ein handgeschriebener Lebenslauf ist immer gut.	[ ]	[ ]
3. Im Lebenslauf schreibt man auch, ob man Kinder hat.	[ ]	[ ]
4. Im Lebenslauf stehen immer die Schulnoten.	[ ]	[ ]
5. Im Lebenslauf kann ich meine Hobbys angeben.	[ ]	[ ]
6. Das Foto ist oben rechts oder auf einem Deckblatt.	[ ]	[ ]
7. Der Lebenslauf bleibt für alle Bewerbungen gleich.	[ ]	[ ]
8. Für eine Bewerbung reicht der Lebenslauf.	[ ]	[ ]

11 Wie formuliert man die Sätze im Lebenslauf? Welches Wort passt? Markieren Sie.

25/2d

1. Ich habe im Familienunternehmen mitgearbeitet.
   Mitarbeit | Mitarbeiten | Mitarbeiter   im Familienunternehmen
2. Ich habe mein Studium abgeschlossen.
   Abschließen | Abschluss | Schluss   des Studiums
3. Ich habe mich im Ausland aufgehalten.
   Aufenthalt | Aufhalten | Aufhaltung   im Ausland
4. Ich habe meinen kranken Vater gepflegt.
   Pflegen | Gepflegte | Pflege   meines kranken Vaters
5. Ich bin nach Deutschland umgezogen.
   Umzug | Umziehen | Umzüge   nach Deutschland
6. Ich habe als Tagesmutter Kinder zu Hause betreut.
   Betreuerin | Betreuung | Betreuen   von Kindern als Tagesmutter

E | Im Gespräch Emotionen zeigen

12 Sprechen Sie die Sätze mit und ohne Modalpartikeln. Welche Unterschiede gibt es?
Diskutieren Sie.

26/4c

1. Komm **mal** her!
2. Das Beratungsgespräch ist **ja** morgen.
3. Das habe ich dir **doch** gesagt.
4. Das ist **aber** interessant!
5. Ich kann morgen **eigentlich** nicht.
6. Warum kannst du **denn** nicht?

● Satz 1 klingt mit *mal* ein bisschen freundlicher, oder?
○ …

Relativsätze

1 Was kontrolliert das im Text erwähnte Kontrollgerät? Überfliegen Sie und kreuzen Sie an.

[ ] 1. Die Arbeitszeit des Fahrers / der Fahrerin.
[ ] 2. Den LKW-Verkehr auf der Autobahn.

Häufig gestellte Fragen zum Fahrpersonalrecht

Wann muss ein Kontrollgerät eingebaut und genutzt werden?
Nach der Verordnung (EWG) Nr. 3821/85 müssen grundsätzlich Fahrzeuge, die der Personen- oder Güterbeförderung im Straßenverkehr dienen, mit einem Kontrollgerät ausgestattet sein.
Diese Kontrollgeräte zeichnen die vom Fahrzeug zurückgelegte Wegstrecke, die Geschwindigkeit des Fahrzeugs, die Lenkzeit, die sonstigen Arbeits- und Bereitschaftszeiten, die Arbeitsunter-brechungen sowie die Tagesruhezeiten auf.

Welche Pflichten hat der Fahrer bei der Benutzung des analogen Kontrollgerätes?
Der Fahrer muss Arbeitszeitnachweise für die Tage erstellen, an denen er tatsächlich lenkt. Für jeden dieser Tage muss er ab dem Zeitpunkt, an dem er das Fahrzeug übernimmt, ein Schaublatt benutzen.
Neben den vom Kontrollgerät aufgezeichneten Lenk- und Ruhezeiten sind alle sonstigen Arbeitszeiten, die außerhalb des Kraftfahrzeuges verrichtet werden, handschriftlich in das Schaublatt einzutragen. Als „sonstige Arbeitszeit" gilt auch die Zeit, die der Fahrer für die Anreise benötigt, um ein mit einem Kontrollgerät ausgestattetes Fahrzeug zu übernehmen, das sich nicht am Wohnort des Fahrers oder der Hauptniederlassung des Arbeitgebers befindet, wenn die Anreise nicht mit dem Zug oder dem Fährschiff erfolgt.

nach: Internetseite des Bundesamtes für Güterverkehr

---

2 **a** Zu welchen Nomen bekommen Sie in den markierten Relativsätzen genauere Informationen? Ergänzen Sie.

1. .... , die der Personen- oder Güterbeförderung im Straßenverkehr dienen.
2. .... , an denen er tatsächlich lenkt.
3. .... , an dem er das Fahrzeug übernimmt.

> Relativsätze beschreiben oder er-
> klären Nomen. Markieren Sie in Fach-
> texten Relativsätze und die Nomen,
> auf die sie sich beziehen. Klären Sie
> dann, welche Informationen Sie in
> den Relativsätzen zu den Nomen
> bekommen.

b Welche Informationen bekommen Sie in den Relativsätzen in 2a?
Tauschen Sie sich aus.

● In Satz 1 geht es um bestimmte Fahrzeuge. Die Fahrzeuge sind dafür gemacht, Personen oder Güter zu transportieren.

3 Suchen Sie weitere Relativsätze im Text. Auf welche Nomen beziehen sie sich?
Markieren Sie mit Pfeilen. Welche Informationen bekommen Sie über die Nomen im Relativsatz?

4 Was finden Sie an dem Kontrollgerät positiv, was negativ? Diskutieren Sie.

Lebenslauf

1 **Welche Nomen sind hier versteckt? Schreiben Sie sie auf.**

1. bilAusngdu ....
2. schUmngulu ....
3. ninetKnses ....

4. bilFobdrtgnu ....
5. arMbittei ....
6. terlngtisokunsra ....

2 **Ergänzen Sie mit Informationen aus Ihrem Lebenslauf.**

20....... – 20....... Fortbildung zum/r/in ....
20....... – 20....... Integrationskurs am/bei ....
19....... – 19....... Mitarbeit im/in der ....
19....... – 19....... Ausbildung zum/r .... in ....
19....... – 19....... .... Schule in ....

3 **Was kann/sollte man besser machen? Markieren Sie und schreiben Sie den Lebenslauf neu.**

LEBENSLAUF

Name:	Agnieszka Wetrjak
Staatsangehörigkeit:	polnisch
Geburtsdatum / -ort:	26.05.1981, Poznan *(auf Deutsch* Posen) / im Westen von Polen
Familienstand:	verheiratet, 1 Kind (heißt Pjotr und ist 2 Jahre alt)

E-Mail: wetrjak@yahoo.de

Schul- und Ausbildung :

09 / 1987 –   *Einschulung*

1987 – 1997   Grund- und Mittelschule in Poznan
09 / 1997 – 07 / 2000   Lyzeum
09 / 2001 – 03 / 2003   Ausbildung zur Friseurin
05 / 2003 – 02 / 2006   Arbeit im Friseursalon „Feda"
                                 bis 2009 –   arbeitssuchend

2009 –   Ankunft in Deutschland
10 / 2009 – 02/2010   Integrationskurs am Institut für Sprache, Augsburg
09 / 2010   Umschulung zur Kosmetikerin

Hobbys
Kochen, Musik hören
Sprachkenntnisse Polnisch (Muttersprache)
Deutsch (kann ziemlich gut sprechen, aber nicht gut schreiben)

Schreibtraining

Lebenslauf

4   **Was passt zusammen? Bilden Sie zusammengesetzte Nomen.**

Wohn- | Geburts- | Familien- | Sprach- | -abschluss | -stand | -datum | -ort | -schein |
Mittel- | Berufs- | Führer- | Schul-   -schule | -kenntnisse | -tätigkeit | -phase | -betrieb

....

....

5   **Kombinieren Sie und schreiben Sie Einträge für einen Lebenslauf.**

Umschulung Praktikum	als an der	Elektriker Kellnerin Sprachschule
Integrationskurs Aushilfe	bei im	Klartext Note gut Möbel & Co.
Ausbildung Lagerist	in der mit der	Bürokauffrau Cafeteria Venezia
Mittelschulabschluss Minijob	zum zur	Einkauf bei Siemens

Umschulung zum

....

....

....

6   **Wie heißen die passenden Nomen? Notieren Sie.**

1. bestellen – ....   4. betreuen – ....
2. organisieren – ....   5. durchführen – ....
3. planen – ....   6. reparieren – ....

7   **Wie kann man Tätigkeiten im Lebenslauf aufführen? Ergänzen Sie Nomen.**

2001 – 2005	Altenpflegerin im Seniorenstift Heide, Braunschweig
	Betreuung von Demenzkranken, ... *von Ausflügen*
2013 – 2013	Praktikum im Lager von Möbel & Co., Frankfurt/Oder
	.... *von Material,* ....
1999 – 2009	Elektriker bei Bauer GmbH, Magdeburg
	.... *von Bauprojekten,* .... *von Lichtanlagen*

8   **Sehen Sie sich Ihren Lebenslauf an und ergänzen Sie Tätigkeiten, wo möglich.**

9   **Suchen Sie eine Stellenanzeige. Welche Erfahrungen brauchen Sie? Passen Sie Ihren Lebenslauf an. Was ist wichtig? Was können Sie streichen? Was müssen Sie ergänzen?**

Lektion 2

1 | **Was haben Sie in dieser Lektion gelernt? Testen Sie Ihr Wissen. Was ist richtig? Lesen Sie und kreuzen Sie an.**

A | In Beratungsgesprächen Fragen stellen

1. Welche Frage können Sie bei der Agentur für Arbeit <u>nicht</u> stellen?
   a. [ ] Welche Möglichkeiten habe ich hier in meinem Beruf?
   b. [ ] Bekomme ich Arbeitslosengeld?
   c. [ ] Haben Sie einen Kindergartenplatz für mich?

2. Welche Frage ist richtig?
   a. [ ] Wie kann ich Arbeit als Koch finden?
   b. [ ] Kann ich finden Arbeit als Koch?
   c. [ ] Wo ich kann finden Arbeit als Koch?

3. Was können Sie von der Agentur für Arbeit bekommen?
   a. [ ] ein Zeugnis
   b. [ ] einen Bildungsgutschein
   c. [ ] einen Führerschein

4. Auf welche Frage antwortet man mit *Ja* oder *Nein*?
   a. [ ] Wo finde ich einen Kurs?
   b. [ ] Wer bezahlt den Kurs?
   c. [ ] Bezahlen Sie den Kurs?

B | Im Internet Stellenangebote finden

5. Wo findet man als Friseur im Internet <u>keine</u> Stellenangebote? Auf Seiten …
   a. [ ] von Firmen.
   b. [ ] von Kursträgern.
   c. [ ] von Zeitungen.

6. Was ist eine Stellenbörse?
   a. [ ] geister.de
   b. [ ] mieter.de
   c. [ ] monster.de

7. Was ist die JOBBÖRSE?
   a. [ ] die Stellenbörse der Agentur für Arbeit
   b. [ ] die Stellenbörse auf meinestadt.de
   c. [ ] ein Job bei der Börse

8. Was können Sie in der JOBBÖRSE bei *Arbeitsort* eingeben?
   a. [ ] Köchin
   b. [ ] Köln
   c. [ ] klein

C | Informationen zu einem Stellenangebot verstehen

9. Welche Frage passt?
   Ich habe drei Monate Praktikum gemacht. …
   a. [ ] Wie viele Stunden bedeutet Vollzeit?
   b. [ ] Ist das genug Berufserfahrung für die Stelle?
   c. [ ] Wie groß ist denn das Team?

10. Welche Antwort erwarten Sie?
    Wie sind denn die Arbeitszeiten?
    a. [ ] Wir arbeiten im Schichtdienst.
    b. [ ] Wir haben fünf Angestellte.
    c. [ ] Wir arbeiten für Schulen und Vereine.

11. Welcher Satz ist <u>falsch</u>?
    Ich habe eine Ausbildung …
    a. [ ] und viel Berufserfahrung.
    b. [ ] und habe ich viel Berufserfahrung.
    c. [ ] und ich habe viel Berufserfahrung.

12. Welcher Satz ist richtig?
    a. [ ] Ich bin nicht Elektriker, sondern Elektroniker.
    b. [ ] Ich bin nicht Elektriker, aber Elektroniker.
    c. [ ] Ich bin nicht Elektriker, denn Elektroniker.

D | Einen Lebenslauf schreiben

13. Was passt nicht zu *Fort- und Weiterbildung*?
    a. [ ] Computerführerschein
    b. [ ] Integrationskurs an der Volkshochschule
    c. [ ] Praktikum im Kinderhort Pusteblume

14. Wie geben Sie ein Äquivalent für Ihren Schulabschluss an?
    a. [ ] ist genauso viel wie das deutsche Abitur
    b. [ ] entspricht dem deutschen Abitur
    c. [ ] ist gleich deutsches Abitur

15. Was sollten Sie im Lebenslauf für eine Lücke nicht schreiben?
    a. [ ] Familienphase
    b. [ ] arbeitssuchend
    c. [ ] Urlaub

16. Unter dem Lebenslauf stehen …
    a. [ ] Ort, Datum, Unterschrift
    b. [ ] Adresse, Telefon, E-Mail
    c. [ ] Geburtsort, Geburtsdatum, Familienstand

E | Im Gespräch Emotionen zeigen

17. Wenn Sie bei der Agentur für Arbeit etwas erreichen möchten, sollten Sie … sprechen.
    a. [ ] unsicher
    b. [ ] aggressiv
    c. [ ] sachlich

18. Welche Partikel passt?
    Ist es … möglich, dass Sie den Kurs bezahlen?
    a. [ ] denn
    b. [ ] ja
    c. [ ] doch

19. Wie klingt die Frage am freundlichsten?
    a. [ ] Kannst du kommen?
    b. [ ] Kannst du mal kommen?
    c. [ ] Kannst du sofort kommen?

20. Modalpartikeln machen Sätze …
    a. [ ] emotionaler.
    b. [ ] sachlicher.
    c. [ ] neutraler.

2 **Vergleichen Sie mit der Lösung auf S. 127. Für jede richtige Lösung gibt es einen Punkt. Wie viele Punkte haben Sie?**

Ich habe .... von 20 Punkten.

20–16 Punkte	15–11 Punkte	10–0 Punkte
☺ Prima! Gut gemacht!	☺ Ganz okay. Weiter so!	☹ Noch nicht so gut! Wiederholen Sie noch mal.

3 **Was können Sie noch nicht so gut? Ist das für Ihre Arbeit wichtig? Was möchten Sie üben? Notieren Sie.**

....

....

....

....

3 | Bewerbungen

Porträt: Ayşe Özkan

1 Welche Erklärung passt? Ordnen Sie zu.

→ 31/2b

1. Vollzeit
2. TZ
3. Minijob / auf geringfügiger Basis
4. Teilzeit, nachmittags
5. Schicht
6. Heimarbeit / Telearbeit
7. flexible Teilzeit
8. Nacht- und Wochenenddienste

a. weniger als 38 Stunden / Woche, verschiedene Tageszeiten
b. am Wochenende und nachts
c. meist 38 Stunden / Woche
d. weniger als 38 Stunden / Woche, z. B. 20
e. weniger als 38 Stunden / Woche, nur am Nachmittag
f. einige Stunden / Monat, Verdienst: maximal 450 € / Monat
g. von zu Hause aus
h. 38 Stunden / Woche, mal vormittags, mal nachmittags, mal nachts

A | Stellenanzeigen lesen und verstehen

2 Wie heißen die passenden Verben? Was machen die Personen? Ergänzen Sie.

→ 32/2c

Die Aufgaben ...	... und das machen die Mitarbeiter.
1. Durchführen der Abrechnungen	Frau Kaminska .... die Abrechnungen ....
2. Pflege der Datenbank	Der Vertriebsleiter .... die Datenbank.
3. Vorbereitung von Besprechungen	Die Assistentin .... die Besprechungen ....
4. Beratung von Kunden	Der Verkäufer .... die Kunden.
5. Dokumentation der Pflege	Die Krankenpflegerin .... die Pflege.
6. Empfang der Gäste	Der Kellner .... die Gäste.
7. Wartung der Maschinen	Herr Gronsky .... die Maschinen.
8. Zusammenarbeit	Die Abteilungen .... eng ....

3 Wo stehen die Informationen in den Anzeigen im Kursbuch (Aufgabe 1b und 3a)?
Suchen Sie die passenden Formulierungen und notieren Sie sie.

→ 33/3b

1. Der / Die Bewerber/in muss einen Führerschein haben.
2. Der / Die Bewerber/in muss schon in dem Bereich gearbeitet haben.
3. Der / Die Bewerber/in muss genau diesen oder einen ähnlichen Beruf gelernt haben.
4. Der / Die Mitarbeiter/in bekommt viel Geld, wenn sie sehr gut arbeitet.
5. In dem Unternehmen ist es angenehm zu arbeiten.

....

....

....

....

a Was bringen die Bewerber/innen mit? Lesen Sie und markieren Sie Informationen zu den 3 Bereichen mit 3 verschiedenen Farben.

A: Beruf / Qualifikation   B: Arbeitszeitwunsch   C: Besondere Kenntnisse

**Mariam Sediqi, 25,
Ausbildung zur Arzthelferin**

5 Jahre Berufserfahrung,
sucht eine Stelle für
20 Wochenstunden
Zertifikat Deutsch B2

**Alfredo Garcia Lopéz, 36,
Elektriker**

10 Jahre Berufserfahrung,
möchte Vollzeit arbeiten
PKW-Führerschein, Deutsch
A2 (DTZ)

**Iwan Kaminsky, 18,
Mittlere Reife**

sucht Arbeit für
3 Monate

**Helga Brown, 37,
Hotelfachschule**

5 Jahre Berufserfahrung
als Kellnerin, sucht eine
feste Stelle, hat 2 Kinder
Deutsch B2

b Welche Anzeige aus dem Kursbuch (Aufgabe 3a) könnte für die Personen interessant sein? Ergänzen Sie.

	Fr. Sediqi	Hr. Garcia Lopéz	Hr. Kaminsky	Fr. Brown
Anzeige	*Nr. 2*			

c Welche Voraussetzungen erfüllen die Personen? Welche nicht? Ergänzen Sie.

	Fr. Sediqi	Hr. Garcia Lopéz	Hr. Kaminsky	Fr. Brown
1. Beruf / Qualifikation	*ja*			
2. Erwünschte Arbeitszeit	*nein*			
3. Berufserfahrung				
4. Besondere Kenntnisse				

d Wer sollte sich auf die Stelle bewerben? Warum (nicht)? Diskutieren Sie.

Was bringen Sie persönlich mit? Ergänzen Sie, vergleichen Sie mit interessanten Stellenanzeigen und entscheiden Sie: Sollten Sie sich bewerben?

Beruf (übliche Bezeichnung in Anzeigen, z. B. Verkäuferin) ....

Qualifikationen (z. B. Ausbildung) ....

Erwünschte Arbeitszeiten (z. B. Vollzeit, Minijob) ....

Besondere Kenntnisse (z. B. Führerschein) ....

Persönliche Merkmale (z. B. belastbar) ....

B | Eine Bewerbung schreiben

6 **a Was passt nicht? Streichen Sie durch.**

🔲 35/1b

1. Unternehmen | Angestellter | Geschäft | Betrieb
2. Berufserfahrung | Abschluss | Diplom | Interesse
3. selbstständig | zuverlässig | persönlich | teamfähig
4. Vorstellungsgespräch | Praktikum | Anschreiben | Lebenslauf

b Zu welcher Kategorie gehören die Wörter in 6a? Ordnen Sie zu.

[ ] a. Bewerbung   [ ] c. Firma

[ ] b. Fachkompetenz   [ ] d. soziale Kompetenz

7 **Was denken Sie: Was gilt für Bewerbungsschreiben? Kreuzen Sie an.**

🔲 35/3

	richtig	falsch
1. Das Anschreiben ist der wichtigste Teil der Bewerbung.	[ ]	[ ]
2. Am besten schickt man bei jeder Bewerbung das gleiche Anschreiben.	[ ]	[ ]
3. Man beginnt immer mit dem Satz „Hiermit bewerbe ich mich …"	[ ]	[ ]
4. Man nennt alle beruflichen Tätigkeiten, die man bisher ausgeübt hat.	[ ]	[ ]
5. Das Anschreiben ist maximal eine Seite lang.	[ ]	[ ]
6. Bei einer Bewerbung per E-Mail schickt man das Anschreiben im Anhang.	[ ]	[ ]

8 **a Schreiben Sie die Sätze neu. Beginnen Sie mit den kursiv gedruckten Wörtern.**

🔲 35/4c

1. Ich habe Ihre Stellenanzeige *mit großem Interesse* gelesen.
   Mit großem Interesse habe _____

2. Ich habe 20 Jahre als Reiseleiter *in Kroatien* gearbeitet.
   _____

3. Ich habe *als Leiter unseres Familienbetriebs* auch die Buchhaltung gemacht.
   _____

4. Ich unterstütze *im Moment* das Team von Seiffert Reisen bei Übersetzungen.
   _____

5. Ich stehe Ihnen gerne *für weitere Auskünfte* zur Verfügung.
   _____

6. Ich freue mich sehr *über eine Einladung* zum Vorstellungsgespräch.
   _____

b Schreiben Sie einen Satz auf ein Blatt Papier und beginnen Sie mit *ich*. Geben Sie das Blatt in der Gruppe reihum weiter. Jede/r variiert den ersten Satz mit einem anderen Anfang.

> *Ich habe in Griechenland stundenweise als Friseurin gearbeitet.*
>
> *In Griechenland …*

Oktober 2013
Bewerbungsmarathon!

27. Mai 2000
Jetzt sind wir vier!
Thomas ist da!

Oktober 1993
Deutsch ist schwer!

2. April 1993
Jetzt zusammen in
Deutschland!

15. Februar 1992
Endlich habe ich dich
gefunden!

1. September 1988
Neueröffnung der
Schneiderei

20. Juni 1988
Endlich ist die Ausbildung
abgeschlossen!

C | Über den beruflichen Werdegang sprechen

9
36/1b

a Frau Smith sortiert Fotos. Was hat sie wann gemacht? Erzählen Sie und nutzen Sie dabei die Partizipien.

gezogen | geboren | abgeschlossen | kennen gelernt | eröffnet | gelernt | geschrieben

b Schreiben Sie mit den Informationen aus 9a einen Text und nutzen Sie die Zeitangaben.

nach einem Jahr | 2013 | anschließend | dann | 1988 | vier Jahre später | im ersten Jahr

10
36/2b

Perfekt mit *haben* oder *sein*? Ordnen Sie zu.

gearbeitet | unterstützt | gelesen | gezogen | gelernt | gekommen | besucht | entdeckt | geworden | gemacht | gegangen | abgeschlossen | gesucht | gefunden | geflogen | angerufen

HABEN

SEIN

11 Ergänzen Sie die Tabellen und vergleichen Sie mit S. 41 im Kursbuch.

↱ 36/2c

Singular			Plural		
ich	....		wir	....	
du	....	Sie *hatten* (formell)	ihr	....	Sie .... (formell)
er / es / sie	*hatte*		sie	....	

Singular			Plural		
ich	....		wir	....	
du	*warst*	Sie *waren* (formell)	ihr	....	Sie *waren* (formell)
er / es / sie	....		sie	*waren*	

D | Im Vorstellungsgespräch Fragen verstehen

12 Bilden Sie typische Fragen für Vorstellungsgespräche.

↱ 37/1d

1. ~~Sie~~ | ~~warum~~ | eine | Stelle | ~~suchen~~ | feste | jetzt
   Warum suchen Sie _____ ?

2. am liebsten | in Ihrer Freizeit | was | Sie | machen
   _____

3. verdienen | Sie | möchten | wie viel | bei uns
   _____

4. schon | wissen | was | uns | Sie | über
   _____

5. mobil | Sie | wie | sind
   _____

6. Fragen | noch | haben | Sie | uns | an
   _____

7. arbeiten | können | am Wochenende | Sie | auch
   _____

8. anfangen | wann | möchten | bei uns | Sie
   _____

E | Small Talk führen

13 **a** Sammeln Sie zu den Themen Fragen / Sätze und notieren Sie sie.

↱ 38/3

Schlagzeile in der Zeitung   Wettervorhersage   Umgebung der Firma   Sport

 b Welche Fragen / Sätze sind für Small Talk gut, welche nicht? Diskutieren Sie.

Fachtexte knacken

Bekannte Wörter nutzen

1 Zu welchem Produkt gehört die Beschreibung?
Überfliegen Sie den Text und kreuzen Sie an.

[ ] zu einer Haarfarbe
[ ] zu einem Shampoo
[ ] zu einem Haarspray

HAARSHOP

×

Die Fakten zu **BRILLANT COLOR**:

Mit **BRILLANT COLOR** erhalten Sie eine natürliche, intensive und strahlende Haarfarbe.
Die Haarstruktur wird bereits während der Coloration stabilisiert. Das Haar bleibt geschmeidig,
leicht zu kämmen und voller Glanz.

MIT KERATIN, ARGANÖL UND HAFERPROTEIN
· Intensive permanente Haarfarben in 94 Farbtönen.
· Hervorragende Deckkraft und perfekte Haltbarkeit.
· Reichhaltige Pflege durch hochwertige Wirkstoffe wie Haferprotein, Keratin und Arganöl.
· Sehr gute Hautverträglichkeit. Dermatologisch getestet.
· Alle Nuancen können für individuelle Farben gemischt werden.
· Jeweils in der 60 ml-Tube erhältlich.

Brillant Color – die professionelle Coloration für intensive, langanhaltende Farben. Pflegt
das Haar direkt bei der Farbbehandlung. Hochwertiges Haferprotein und Keratin stärken die
Haarstruktur und sorgen für strahlenden Glanz und lange Haltbarkeit.

nach einem Online-Shop für Haarpflegeprodukte

2 **a** Markieren Sie im Text alle Wörter, die Sie kennen.

b Was haben Sie verstanden? Tauschen Sie sich aus.

c Fehlen Ihnen wichtige Wörter? Fragen Sie Ihre Lernpartner oder suchen Sie im Wörterbuch
(maximal 3 Wörter).

● Was bedeutet *Glanz*?
○ Vielleicht etwas Ähnliches wie brillant.
 Die Farbe heißt ja auch so …

> Fragen Sie sich bei einem Fachtext zuerst:
> ## Was verstehe ich? Versuchen Sie,
> den Text über bekannte Wörter zu ver-
> stehen. Suchen Sie nur einzelne Wörter
> im Wörterbuch.

3 Würden Sie sich die Haare mit dem Mittel färben? Warum (nicht)?
Tauschen Sie sich aus.

Bewerbung

1 Welche Adjektive sind hier versteckt? Schreiben Sie sie auf.

1. nechlsl .s..   3. sverläsigzu   z..

2. edfrulinch f..   4. iefähtgam   t..

2 Trennen Sie die Wörter und schreiben Sie den Satz.

IhreAnzeigeimStuttgarterWochenblatthabeichmitgroßemInteressegelesenund
bewerbemichhiermitumdieStellealsAltenpfleger

....

....

3 Kombinieren Sie und schreiben Sie 5 Sätze.

| In …
Nach meiner Ausbildung
Dort
Im letzten Jahr | habe
konnte | ich | als … gearbeitet.
Kenntnisse … erweitern.
Erfahrungen … sammeln.
ein Praktikum … gemacht.
meine Ausbildung … abgeschlossen. |

....

....

....

....

....

4 Ergänzen Sie die fehlenden Wörter.

.... (1) geehrter Herr Maiwald,

Sie suchen in Ihrer .... (2) einen engagierten und gut
ausgebildeten Industriemechaniker. Im letzten Jahr habe ich meine
.... (3) zum Industriemechaniker abgeschlossen und
konnte danach meine .... (4) bei „Rad & Co. KG"
praktisch anwenden und .... (5).
Ich arbeite .... (6) und .... (7) und würde
Ihr Team gern bei der Arbeit .... (8). Mein Chef sagt, ich
bin ein echter Teamplayer.
Über eine .... (9) zu einem Vorstellungsgespräch freue
ich mich sehr.

Mit .... (10) Grüßen

Bewerbung

5 Was passt zusammen? Bilden Sie Adjektive.

ordent- | belast- | anspruchs- | pünkt- | | -fähig | -willig | -lich |
erfolg- | team- | lern- | freund- | -bar | -reich | -voll

....

....

6 Wie heißen die passenden Nomen? Notieren Sie.

1. arbeiten – ....   4. erfahren – ....
2. sich interessieren – *das* ....   5. unterstützen – ....
3. bewerben – ....   6. einladen – ....

7 Ergänzen Sie die Sätze mit Informationen zu Ihrer Person.

Hiermit bewerbe ich mich ....
Ich habe Erfahrungen in ....
Bei der Arbeit achte ich besonders auf ....
Ich arbeite gern .... und bringe .... mit.
Im Moment ....

8 Schreiben Sie eine Bewerbung nach dem Muster. Schreiben Sie zu jedem Teil 1–2 Sätze.

Anrede	Sehr geehrt...
Bezug zur Anzeige	mit großem Interesse habe ich ....
	....
	....
Fachkompetenz	In meinem Heimatland habe ich ....
	....
	....
soziale Kompetenz	Ich bin ....
	....
Bezug zum Unternehmen	....
	....
	....
Grußformel Unterschrift	....
	....

Lektion 3

1 **Was haben Sie in dieser Lektion gelernt? Testen Sie Ihr Wissen. Was ist richtig? Lesen Sie und kreuzen Sie an.**

A | Stellenanzeigen lesen und verstehen

1. Worüber finden Sie in Stellenanzeigen keine Informationen?
   a. [ ] Tätigkeiten und Qualifikationen
   b. [ ] Leistungen des Arbeitgebers
   c. [ ] Nettolohn

2. Was bedeutet *Durchführen der Abrechnung*?
   a. [ ] Sie müssen die Abrechnung durchführen.
   b. [ ] Sie müssen das Durchführen abrechnen.
   c. [ ] Sie müssen Rechnungen abführen.

3. Was sollte auf jeden Fall in einer seriösen Stellenanzeige stehen?
   a. [ ] Name und Adresse des Unternehmens
   b. [ ] Telefonnummer des Ansprechpartners
   c. [ ] E-Mail-Adresse und Faxnummer

4. Die Leistungen des Arbeitgebers finden Sie unter der Überschrift …
   a. [ ] Ihre Aufgaben
   b. [ ] Ihr Profil
   c. [ ] Wir bieten Ihnen

B | Eine Bewerbung schreiben

5. Was kann in einer Bewerbung im Betreff stehen?
   a. [ ] Ihre Anzeige vom 20.5.2014
   b. [ ] Kassel, 23.5.2014
   c. [ ] Sehr geehrte Damen und Herren

6. Wie können Sie eine Bewerbung beginnen?
   a. [ ] Mit großem Interesse habe ich Ihre Anzeige gelesen.
   b. [ ] Ihre Anzeige gefällt mir sehr gut.
   c. [ ] Vielen Dank für die freundliche Anzeige.

7. Wie können Sie Ihre sozialen Kompetenzen beschreiben?
   a. [ ] Ich arbeite gerne selbstständig und im Team.
   b. [ ] Ich habe eine Ausbildung als Friseur.
   c. [ ] Ich kenne Ihr Unternehmen gut.

8. Welcher Satz ist richtig?
   a. [ ] Ich im Moment mache ein Praktikum bei Feinkost Rudi.
   b. [ ] Im Moment mache ich ein Praktikum bei Feinkost Rudi.
   c. [ ] Bei Feinkost Rudi ich mache im Moment ein Praktikum.

C | Über den beruflichen Werdegang sprechen

9. Welche Information gehört zu Ihrem beruflichen Werdegang?
   a. [ ] In der Schule habe ich schreiben gelernt.
   b. [ ] Nach der Ausbildung habe ich drei Jahre in meinem Beruf gearbeitet.
   c. [ ] Meine Arbeit hat mir noch nie gefallen.

10. Welcher Satz passt?
    2007 habe ich eine Weiterbildung gemacht.
    a. [ ] Anschließend habe ich mehr verdient.
    b. [ ] Vor drei Jahren habe ich mehr verdient.
    c. [ ] Im ersten Jahr habe ich mehr verdient.

11. Welcher Satz ist richtig?
    a. [ ] Danach hatte ich eine eigene Firma.
    b. [ ] Danach habe ich eine eigene Firma.
    c. [ ] Danach hatten ich eine eigene Firma.

12. Welcher Satz ist falsch?
    a. [ ] Ich bin nach Deutschland gezogen.
    b. [ ] Ich habe nach Deutschland gekommen.
    c. [ ] Ich bin nach Deutschland gekommen.

D | Im Vorstellungsgespräch Fragen verstehen

13. Was ist eine typische Frage in Vorstellungsgesprächen?
    a. [ ] Haben Sie schon Schlechtes über uns gehört?
    b. [ ] Was haben Sie schon über uns gelesen?
    c. [ ] Was wissen Sie über uns?

14. Wonach fragen Arbeitgeber oft? Nach …
    a. [ ] Stärken und Schwächen.
    b. [ ] positiven und negativen Emotionen.
    c. [ ] Glück und Pech.

15. Welche Antwort passt?
    Wo möchten Sie in fünf Jahren stehen?
    a. [ ] Kinder sind für mich noch kein Thema.
    b. [ ] Ich bin sehr genau und zuverlässig.
    c. [ ] Ich wäre dann gern immer noch bei Ihnen.

16. Welche Frage müssen Sie nicht korrekt beantworten?
    a. [ ] Sind Sie in der Gewerkschaft?
    b. [ ] Was macht Sie wütend?
    c. [ ] Warum suchen Sie eine feste Stelle?

E | Small Talk führen

17. Wozu führt man Small Talk?
    a. [ ] Um ins Gespräch zu kommen.
    b. [ ] Um sich besser kennen zu lernen.
    c. [ ] Um Kunden zu überzeugen.

18. Was ist kein typischer Einstieg in einen Small Talk?
    a. [ ] Herrliches Wetter heute!
    b. [ ] Die U-Bahn hatte mal wieder Verspätung.
    c. [ ] Gestern hatte ich Streit mit meiner Frau.

19. Die Verkehrsverbindung zu Ihnen ist …
    a. [ ] sehr freundlich.
    b. [ ] heute wirklich herrlich.
    c. [ ] ja sehr bequem.

20. Wie ist Small Talk?
    a. [ ] freundlich
    b. [ ] lang
    c. [ ] direkt

---

2 Vergleichen Sie mit der Lösung auf S. 128. Für jede richtige Lösung gibt es einen Punkt. Wie viele Punkte haben Sie?

Ich habe .... von 20 Punkten.

20–16 Punkte	15–11 Punkte	10–0 Punkte
☺ Prima! Gut gemacht!	☺ Ganz okay. Weiter so!	☹ Noch nicht so gut! Wiederholen Sie noch mal.

---

3 Was können Sie noch nicht so gut? Ist das für Ihre Arbeit wichtig? Was möchten Sie üben? Notieren Sie.

....

....

....

....

4 | Ein Praktikum

Porträt: Manee Kantawong

Welche Aussagen sind richtig? Lesen Sie den Text und kreuzen Sie an.

> Frau Santos, 26 Jahre, aus Brasilien

,, Als ich in Deutschland angekommen bin, konnte ich nur wenig Deutsch. Ich habe auch noch nicht gewusst, ob ich hier als Apothekerin arbeiten könnte. Mein Berater in der Sprachschule hat den Kontakt zu einer Apotheke hergestellt und dort habe ich nach dem Deutschkurs ein Praktikum gemacht. Da konnte ich meine Fachkenntnisse auffrischen. Ich habe gesehen, wie die Abläufe in einer deutschen Apotheke sind. Es ist vieles anders als in Brasilien. Außerdem waren natürlich viele Fachwörter zu lernen. Durch die Kollegen habe ich Kontakte knüpfen können und sie haben mir viele gute Tipps gegeben. Für mich war aber am wichtigsten, dass ich als Praktikantin noch Fehler machen durfte. Ohne die Anerkennung meines Abschlusses darf ich in Deutschland nicht in einer Apotheke arbeiten. Ich habe deshalb einen Antrag gestellt und mein Praktikum verlängert. Hoffentlich klappt es bald mit einer festen Stelle in einer Apotheke. ,,

1. [ ] Sie hat sich ihren Praktikumsplatz schon in Brasilien gesucht.
2. [ ] Sie konnte ihr Fachwissen nicht verbessern.
3. [ ] Sie hat gelernt, wie eine deutsche Apotheke funktioniert.
4. [ ] Sie hat schon viele Fachbegriffe gekannt.
5. [ ] Sie hat viele Menschen kennen gelernt, die ihr bei der Arbeitssuche helfen können.
6. [ ] Sie ist bereit für eine Arbeit als Apothekerin.

A | Einen Termin vereinbaren

a Ordnen Sie die Sätze und schreiben Sie einen Dialog.

Ja, gerne. Wann möchten Sie kommen? | Ja, das ist möglich. | Oh, das wird knapp, ich habe bis ca. 10 Uhr eine Besprechung. Aber wie wäre es am Nachmittag? | Schlecht. Können Sie auch um 14 Uhr? | Schön, dann bis 2.10. um 14 Uhr. | Ich kann am 1.10. um 10 Uhr. Wie ist das bei Ihnen? | Könnten wir einen Termin vereinbaren? | Tut mir leid, da habe ich eine Fortbildung. Wie sieht es bei Ihnen am 2.10. um 10 Uhr aus?

1. ● ....
2. ○ ....
3. ● ....
4. ○ ....
5. ● ....
6. ○ ....
7. ● ....
8. ○ ....

b Variieren Sie den Dialog und sprechen Sie mit Ihrer Lernpartnerin / Ihrem Lernpartner.

3 Bilden Sie Sätze. Achten Sie auf die passende Verbform.

44/4

1. vor 3 Wochen | ~~ich~~ | ein Praktikum | gemacht | haben | .

    Ich

2. gut | ~~ich~~ | erinnern | mich | an Sie | können | .

    Ich

3. mein Zeugnis | ~~jetzt~~ | ich | brauchen | .

    Jetzt

4. auf meinem Schreibtisch | das | liegen | schon | .

5. ich | vorbeikommen | wann | können | denn | und | abholen | es | ?

6. Sie | um 9 Uhr | morgen | kommen | können | ?

7. gut | passen | das | mir | .

B | Eine Wegbeschreibung verstehen

4 Wie kommt man zur Universität Göttingen? Ergänzen Sie.

45/2b

in | nach | an | entlang | auf | von | zur | in

Universität Göttingen

Home   Studium   Einrichtungen   **Service**

Mit der Bahn nach Göttingen
Göttingen ist ICE-Bahnhof an der Nord/Süd-Strecke zwischen Hamburg, Bremen und Berlin im Norden und Frankfurt und München im Süden.

… weiter mit dem Taxi
Der Bahnhof hat zwei Ausgänge. .... (1) beiden Seiten stehen Taxis bereit. Eine Taxifahrt .... (2) Universität dauert ca. 12 Minuten.

… weiter mit dem Bus
Um die Universität mit dem Bus zu erreichen, nutzen Sie den vorderen Bahnhofsausgang .... (3) Richtung Innenstadt. Der Busbahnhof liegt etwa 100 m vom Bahnhofsgebäude entfernt. Wählen Sie die Linie 51 .... (4) Faßberg. Die Fahrtzeit beträgt 13 Minuten. .... (5) der siebten Haltestelle steigen Sie aus.

.... (6) der Bushaltestelle gehen Sie die Straße ca. 30 m .... (7) und biegen dann links .... (8) den Weg zum Universitätsgelände ein.

5 **Welche Form hat der Artikel? Ergänzen Sie.**

1. An .... Ampel musst du rechts gehen.
2. Fahre .... Straße geradeaus bis zu.............. Kreisverkehr.
3. Sie joggt gern durch .... Park.
4. Du solltest einmal um .... Kirche herum laufen.
5. Gehen Sie bis zu.............. Kreuzung und dort
   rechts .... Fluss entlang.
6. Halt bitte gegenüber .... Schule.

die Ampel, die Straße,
die Kirche, die Kreuzung,
die Schule, der Kreisverkehr,
der Park, der Fluss

6 **a Wie fährt Klaus? Bringen Sie die Sätze in die richtige Reihenfolge.**

 45/3

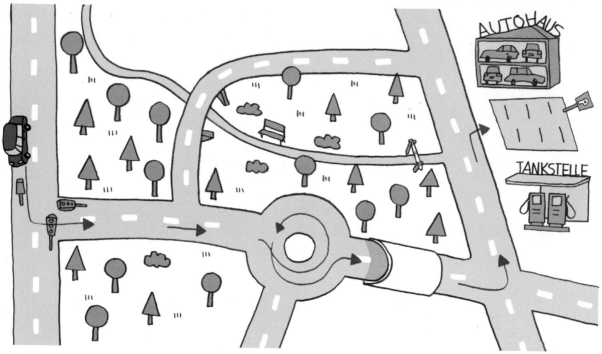

[ ] Nach dem Tunnel biegt er links ab.
[1] Klaus steht in der Mitte der Parkallee an der Ampel.
[ ] Dann nimmt er die 2. Ausfahrt und fährt durch den Tunnel.
[ ] Dort biegt er links ab und fährt die Berliner Straße entlang.
[ ] Weil er den Weg nicht kennt, fährt er einmal um den Kreisverkehr herum.
[ ] Er parkt zwischen der Tankstelle und dem Autohaus.
[ ] Er fährt geradeaus bis zum Kreisverkehr.

b Üben Sie die Wegbeschreibung gemeinsam. Lernen Sie die Sätze auswendig.

c Wie könnte Klaus auch fahren? Beschreiben Sie.

C | Duzen und siezen

7

46/3a

Ergänzen Sie Personalpronomen in der richtigen Form.

1. ● Hallo Yasmine, hast .... heute Mittag etwas Zeit für mich? Ich muss etwas
   mit .... besprechen. Vielleicht kann ich .... in der Pause zum Kakao einladen?
   ○ Oh, das ist aber schlecht. Ich habe gerade so viel zu tun.
   ● Wenn ich .... helfe, bist .... schneller fertig. Also, sehe ich .... später?

2. ● Hallo Leute, habt .... heute Mittag etwas Zeit für mich? Ich möchte etwas
   mit .... besprechen. Vielleicht kann ich .... in der Pause zum Tee einladen?
   ○ Oh, das ist aber schlecht. Wir haben gerade so viel zu tun.
   ● Wenn ich .... helfe, seid .... schneller fertig. Also, sehe ich .... später?

3. ● Hallo Frau Kelter, hätten .... heute Mittag etwas Zeit für mich? Ich würde gern
   etwas mit .... besprechen. Vielleicht könnte ich .... in der Pause zum
   Kaffee einladen?
   ○ Oh, das ist aber schlecht. Ich habe gerade so viel zu tun.
   ● Wenn ich .... helfen könnte, wären .... schneller fertig. Also, sehe ich
   .... später?

8

46/3b

ጸጸ

Spielen Sie kurze Dialoge. Würfeln Sie und stellen Sie Ihrer Lernpartnerin / Ihrem Lernpartner eine Frage. Sie / Er antwortet. Der Würfel zeigt, mit wem Sie sprechen.

... Englisch gut sprechen

... zum Kaffee einladen dürfen

... die Kollegin nett finden

... einen Augenblick Zeit haben

wo ... zu Mittag essen

was ... Hobby sein

wann ... zur Post gehen

was ... für ... tun können

⚀ Chef/in

⚁ Sekretärin

⚂ 2 Kunden

⚃ Freund

⚄ Freundin

⚅ 2 Freunde

D | Einen Praktikumsbericht schreiben

9 **a** Kombinieren Sie und finden Sie Tätigkeiten für einen Praktikumsbericht.

49/3b

Gemüse | Spülmaschine | Speisekarten | Regale | Rechnungen | Wunden | Blut | Reifen | Ersatzteile

bestellen | schneiden | schreiben | verbinden | verteilen | wechseln | ausräumen | auffüllen | abnehmen

Gemüse schneiden

b Formulieren Sie die Tätigkeiten aus 9 a mit *von*.

Schneiden von Gemüse

> Nomen im Dativ Plural haben die Endung -*n*: Wechseln von Glühbirnen

E | Schriftliche Arbeitsanweisungen verstehen

10 **a** Welche Sätze sind Arbeitsanweisungen? Kreuzen Sie an.

50/2b

[ ]
Die Fensterbänke sind täglich abzuwischen. **1**

[ ]
Der Wasserhahn in der Kaffeeküche wird morgen repariert. **2**

[ ]
Könnten Sie bis 10 Uhr die Kartoffeln schälen. **3**

[ ]
Unterschreiben Sie bitte das Formular Z3. **4**

[ ]
Den Arbeitsplatz ordentlich aufräumen. **5**

[ ]
Sie können gern vorbeikommen. **6**

b Lesen Sie sich die Anweisungen gegenseitig sehr freundlich / neutral / unfreundlich vor. Welcher Tonfall passt zu welchen Sätzen? Hören Sie Unterschiede?

Können Sie bitte die Fensterbänke täglich abwischen?
Wischen Sie bitte die Fensterbänke täglich ab!
Die Fensterbänke sind täglich abzuwischen.
Die Fensterbänke täglich abwischen.

Könnten Sie bitte die Rechnung sofort bezahlen?
Bezahlen Sie bitte die Rechnung sofort!
Die Rechnung ist sofort zu bezahlen.
Die Rechnung sofort bezahlen.

c Schreiben Sie 5 Anweisungen für Aktivitäten, die man im Kursraum machen kann, auf Kärtchen. Ziehen Sie reihum ein Kärtchen und befolgen Sie die Anweisungen.

Zusammengesetzte Nomen

1 **Was passt? Überfliegen Sie den Text und verbinden Sie.**

1. Eierpfannkuchen   Suppeneinlage
2. Crêpes   goldgelbe Farbe
3. Célestine   keine Farbe

EIERPFANNKUCHEN

Eierpfannkuchen sollen eine goldgelbe Farbe haben und von lockerer Konsistenz sein. Sie sind nach der Fertigstellung umgehend zu servieren.
Crêpes sind dünne Eierpfannkuchen, die keine Farbe nehmen dürfen. Als **Célestine** bezeichnet man eine Suppeneinlage, die aus Streifen von dünnen Eierpfannkuchen besteht. Eierpfannkuchen können auch unter Verwendung von Schinkenspeck, Reibkäse, Spargelstücken, Kräutern oder gehackten Tomaten hergestellt werden. Zusammen mit Früchten lassen sich zudem Süßspeisen herstellen.

Eierpfannkuchen Grundrezept

0,3 l Vollmilch
5 Frischeier
0,15 kg Weizenmehl
0,03 kg Butter
Salz

aus: Herrmann, F. Jürgen: Gastronomie Grundstufe, ISBN 978-3-582-40050-5, 7. Auflage, Hamburg: Verlag Handwerk und Technik, 2011

2 **a Aus welchen Teilen bestehen die Nomen? Zeichnen Sie Grenzen ein.**

Weizen | mehl, Spargelstück, Reibkäse, Frischei, Schinkenspeck

b Welcher Teil bestimmt die Grundbedeutung der Wörter? Markieren Sie in 2 a.

👥 **c Was bedeuten die Nomen? Diskutieren Sie.**

● Weizenmehl ist Mehl aus Weizen.
○ Ja, und Reibkäse ist ein Käse, den jemand gerieben hat.

3 **a Wie kann man die Bedeutung zusammengesetzter Nomen erschließen? Kreuzen Sie an.**

[ ] a. von vorne nach hinten: Eier→pfann→kuchen

[ ] b. von hinten nach vorne: Eier←pfann←kuchen

> Der letzte Teil von zusammengesetzten Nomen bestimmt die Grundbedeutung. Die anderen Teile geben genauere Angaben. Gehen Sie vom Grundwort aus und erschließen Sie sich die Bedeutung. Stellen Sie Fragen: woraus? (Weizenmehl = Mehl aus Weizen), wie? (Frischei = frisches Ei), …

b Suchen Sie im Text weitere zusammengesetzte Nomen und klären Sie die Bedeutung.

c Wie heißt das Fachwort für Eierpfannkuchenstreifen? Markieren Sie im Text.

4 **Wie essen Sie Pfannkuchen am liebsten? Tauschen Sie sich aus.**

Praktikumsbericht

1 Welche Tätigkeiten sind hier versteckt? Markieren Sie und notieren Sie Verben.

MHFKOPIERENBGRTREPARIERENNTDRKOCHENHORTELEFONIERENHTFSCHNEIDEN
MTDRLBEDIENENMHDTRWECHSELNDFRHELFENISRTREINIGENKMSESORTIERENPS
IWZUSCHAUENQRSEFAHRENIU

....

....

2 Was fehlt? Ergänzen Sie die passenden Buchstaben.

1. i oder ie
   Pap......r, Kop......rer, bed......nen, telefon......ren, Kolleg......n, repar......ren, Term......n

2. e oder ä
   T......lefon, Ger......t, Gesch......nk, spr......chen, T......tigkeit, M......ngel, Fensterb......nke

3 Welche Wörter schreibt man groß? Trennen Sie die Wörter und schreiben Sie Sätze.

1. eingeräthatnichtfunktioniert.ichhabedenchefgeholt.

....

2. einkollegehatseinjubiläumgefeiertundsektmitgebracht.

....

3. wiegratuliertmankollegenzumjubiläum?daswarschwierig.

....

4 Hier sind 2 Berichte durcheinandergeraten. Sortieren Sie und schreiben Sie einen kompletten Bericht neu.

DOKUMENTATION

Tag: ....

Tätigkeiten:

Patienten begrüßen, Spülmaschine einräumen, Namen und Adressen in Computer eintragen, Geräte desinfizieren, Boden wischen, Gewürze sortieren, beim Wiegen der Babys helfen, Hähnchenschnitzel vorbereiten, bei Hör- und Sehtest zuschauen

Besondere Situationen:

Notfall um 15 Uhr, Frau Dr. Hein musste sofort weg, ein Lieferant hat Hähnchen statt Pute geliefert, der Kollege hat zu viel Salz in die Suppe geschüttet

Wortschatz / Redemittel:

in Öl einlegen, die Untersuchung, abhören, der Wischmob

Das möchte ich im Unterricht besprechen:

Was kann ich sagen, wenn ich ein Telefonat annehme? Wie kann ich meinen Chef um Hilfe bitten?

Praktikumsbericht

5 **Was passt zusammen? Bilden Sie zusammengesetzte Nomen.**

Praktikums- | Ansprech- | Zeit- | Kunden- | -raum | -betrieb | -mittel | -partner |
Termin- | Besprechungs- | Rede- | Arbeits- | -platz | -vereinbarung | -dienst

....

....

6 **Welche Tätigkeiten passen zu welchem Praktikumsbetrieb? Ordnen Sie zu.**

Speisekarten verteilen | Rasierer reinigen | Wände tapezieren | Teppichboden verlegen |
Geschirr abdecken | Gäste begrüßen | Farbe auswählen | Haare waschen | Fenster streichen |
Getränke servieren | Kunden beraten | Pinsel reinigen | Kaffee kochen

Restaurant	Friseursalon	Malerbetrieb

7 **Lesen Sie die E-Mail und schreiben Sie einen Praktikumsbericht von Anna.**

Hallo Elena,
ich habe heute mein Praktikum angefangen.
Du weißt schon, bei Frau Fein im Salon
„Freda" am Hohenzollernplatz. Sie ist
meine Betreuerin und hat mich zuerst
herumgeführt und mir alles gezeigt. Viel
machen durfte ich noch nicht, aber ich hab
beim Haareschneiden zugeschaut und Kaffee
für die Kunden gekocht. Außerdem musste ich
in der Apotheke Pflaster kaufen. Stell dir
vor, ein Kollege hat eine Kundin leicht ins
Ohr geschnitten, sie hat geblutet und wir
hatten keine Pflaster. Hoffentlich passiert
mir so etwas nicht. Ich hab auch ein neues
Wort gelernt: Trockenhaube. Bin gespannt,
was ich morgen machen darf.
Viele Grüße
Anna

PRAKTIKUMSBERICHT

Name: _____

Praktikumsbetrieb: _____

Tätigkeit: _____

Zeitraum: _23.6.–21.7._

Ansprechpartner/in: _Susanne_

Tag: _____

DOKUMENTATION

Tätigkeiten:
_____

Besondere Situationen:
_____

Wortschatz / Redemittel:

Lektion 4

1 **Was haben Sie in dieser Lektion gelernt? Testen Sie Ihr Wissen. Was ist richtig?**
Lesen Sie und kreuzen Sie an.

A | Einen Termin vereinbaren

1. Sie schlagen einen Termin vor.
   a. [ ] Wie wäre es am Montag um 9 Uhr?
   b. [ ] Kommen Sie am Montag um 9 Uhr!
   c. [ ] Einverstanden.

2. Sie lehnen einen Terminvorschlag ab.
   a. [ ] Schön, dann bis Montag.
   b. [ ] Das geht leider nicht.
   c. [ ] Einverstanden.

3. Sie fassen eine Absprache zusammen.
   a. [ ] Also, dann bis Montag um 9 Uhr.
   b. [ ] Könnten wir einen Termin vereinbaren?
   c. [ ] Ja, das ist möglich.

4. Nach einem Praktikum. Welcher Satz passt?
   a. [ ] Ich möchte gern absprechen, wann ich mein Zeugnis abholen kann.
   b. [ ] Gut, dann sehen wir uns am 15.4.
   c. [ ] Ich könnte am 15.4. bei Ihnen anfangen.

B | Eine Wegbeschreibung verstehen

5. Jemand erklärt Ihnen den Weg.
   a. [ ] Gehen Sie über die Brücke.
   b. [ ] Gehen Sie über der Brücke.
   c. [ ] Gehen Sie zwischen die Brücke.

6. Jemand erklärt Ihnen, wo die Post ist.
   a. [ ] Die Post ist um das Theater herum.
   b. [ ] Die Post ist bis zum Marktplatz.
   c. [ ] Die Post ist hinter dem Bahnhof.

7. Eine Straße geht man …
   a. [ ] gegenüber.
   b. [ ] entlang.
   c. [ ] über.

8. Sie fragen höflich nach dem Weg.
   a. [ ] Entschuldigung, können Sie mir sagen, …?
   b. [ ] Wo ist …?
   c. [ ] Zeigen Sie mir den Weg zum …!

C | Duzen und siezen

9. Wen duzt man immer?
   a. [ ] Kollegen
   b. [ ] Kinder
   c. [ ] Vorgesetzte

10. Was sagen Sie, wenn Sie nicht sicher sind?
    a. [ ] du
    b. [ ] Sie
    c. [ ] ihr

11. Eine Person duzt Sie. Sie wollen das nicht.
    a. [ ] Hallo, wie geht's dir?
    b. [ ] Verzeihung, wir sind per Sie.
    c. [ ] Sind Sie verrückt?

12. Frau Mertens, ich möchte gern etwas mit … besprechen.
    a. [ ] Sie
    b. [ ] Ihnen
    c. [ ] euch

D | Einen Praktikumsbericht schreiben

13. Was steht nicht im Praktikumsbericht?
    a. [ ] Tätigkeiten
    b. [ ] Ansprechpartner
    c. [ ] Namen aller Kollegen

14. Wie formulieren Sie im Bericht?
    a. [ ] Gemüse schneiden
    b. [ ] Das Gemüse wurde geschnitten.
    c. [ ] Ich habe Gemüse geschnitten.

15. Auswechseln …
    a. [ ] mit Kunden
    b. [ ] von Tonerkartuschen
    c. [ ] durch Tonerkartuschen

16. Was ist eine besondere Situation?
    a. [ ] Ich habe mit Kollegen gesprochen.
    b. [ ] Wir haben mittags eine Pause gemacht.
    c. [ ] Ein Kollege hat sein Jubiläum gefeiert.

E | Schriftliche Arbeitsanweisungen verstehen

17. Von wem bekommen Sie Arbeitsanweisung?
    a. [ ] von Kollegen
    b. [ ] von Vorgesetzten
    c. [ ] von Kunden

18. Was ist keine Anweisung?
    a. [ ] Bitte aufräumen.
    b. [ ] Räumen Sie bitte auf.
    c. [ ] Ich freue mich, wenn Sie vorbeikommen.

19. Welche Anweisung ist unhöflich?
    a. [ ] Machen Sie bitte 100 Kopien.
    b. [ ] Bitte 100 Kopien machen.
    c. [ ] 100 Kopien!

20. Die Handtücher sind täglich …
    a. [ ] gewechselt.
    b. [ ] wechseln.
    c. [ ] zu wechseln.

2   **Vergleichen Sie mit der Lösung auf S. 129. Für jede richtige Lösung gibt es einen Punkt. Wie viele Punkte haben Sie?**

Ich habe .... von 20 Punkten.

20 – 16 Punkte	15 – 11 Punkte	10 – 0 Punkte
☺ Prima! Gut gemacht!	☺ Ganz okay. Weiter so!	☹ Noch nicht so gut! Wiederholen Sie noch mal.

3   **Was können Sie noch nicht so gut? Ist das für Ihre Arbeit wichtig? Was möchten Sie üben? Notieren Sie.**

....
....
....
....

5 | Neu im Unternehmen

Porträt: Lidija Jankovic

1

55/2b

Zu welcher Fertigkeit passen die Tätigkeiten? Ordnen Sie zu. Manches passt mehrfach!

ein Formular ausfüllen | eine Telefonnummer notieren | einem Kunden zuhören | eine Notiz machen |
mit einer Firma telefonieren | Kunden beraten | mit dem Chef verhandeln | Regale beschriften |
eine Information zu einem Produkt heraussuchen | eine Durchsage machen | eine Liste kontrollieren |
etwas im Dienstplan nachsehen

Schreiben	Sprechen	Lesen	Hören
eine Notiz machen			

2

55/3b

a Was können Sie gut, was noch nicht so gut? Kreuzen Sie an.

Das kann ich ...	sehr gut ++	gut +	ganz gut +/−	noch nicht so gut −
Hören				
Lesen				
Sprechen				
Schreiben				

b Tauschen Sie sich mit Ihrer Lernpartnerin / Ihrem Lernpartner aus.

● Ich kann gut mit Kunden sprechen.

○ Das kann ich nicht so gut. Ich verstehe die Kunden oft sehr schlecht.

c Stellen Sie Ihre Lernpartnerin / Ihren Lernpartner im Kurs vor.

○ ... kann sehr gut sprechen. ... kann Kunden beraten, mit den Kolleginnen diskutieren und ...
   ... kann aber noch nicht so gut schreiben. Formulare ausfüllen ist ein großes Problem ...

A | Einer allgemeinen Einweisung folgen

3

56/1c

▶ 22

Welche Informationen bekommt Frau Jankovic? Hören Sie die Einweisung aus dem Kursbuch noch einmal und beantworten Sie die Fragen.

1. Gibt es ein Schließfach für Jacken, Taschen usw.? Wo ist es?

   ....

2. Wie kann Frau Jankovic eine Schicht tauschen?

   ....

3. Wann wird die Kasse abgerechnet?

   ....

4. Wer macht die genauere Einführung in den Arbeitsbereichen?

   ....

B | Die Sprecherrolle übernehmen und abgeben

4

57/3a

Unterbrechen Sie die Personen oder nicht? Lesen Sie die Situationen und kreuzen Sie an. Vergleichen Sie mit Ihrer Lernpartnerin / Ihrem Lernpartner.

	ich unterbreche	nicht
1. Ein Kollege erzählt lang und ausführlich vom Wochenende. Sie brauchen dringend den Schlüssel für das Lager von ihm.	[ ]	[ ]
2. Ein Kunde erklärt Ihnen langsam, welche Dosensuppe er sucht. Sie haben wenig Zeit und möchten ihm die Suppe zeigen.	[ ]	[ ]
3. Ihr Mann / Ihre Frau ruft während der Arbeit an und gibt Ihnen die Einkaufsliste durch. Eine Kundin möchte Beratung.	[ ]	[ ]
4. Ihr Chef erklärt Ihnen, wo Sie Waschmittel einräumen sollen. Er verwechselt rechts und links. Sie sind irritiert.	[ ]	[ ]

5

57/3b

Wählen Sie eine Situation und schreiben Sie einen Dialog. Verwenden Sie Redemittel aus Aufgabe 3 b im Kursbuch. Spielen Sie den Dialog im Kurs vor.

Situation A: Ein Kunde beschwert sich lautstark über schlechtes Obst. Eine Verkäuferin versucht ihn zu beruhigen. Sie sind auch Verkäufer/in und kommen dazu.

Situation B: Zwei Kollegen unterhalten sich über das letzte Wochenende. Sie brauchen Unterlagen für die Buchhaltung. Ihre Kollegen hören gar nicht richtig zu.

Situation C: Eine Kollegin berät einen Kunden. Die beiden sind nicht einer Meinung. Sie hören das Gespräch. Ihre Kollegin sagt etwas Falsches.

C | Sich an einem neuen Arbeitsplatz vorstellen

6

→ 58/3

a Ergänzen Sie die Tabelle und vergleichen Sie mit S. 65 im Kursbuch.

Singular		Plural	
ich		wir	
du _bist_ .... Sie .... (formell)		ihr .... Sie .... (formell)	
er / es / sie		sie	

b Welche Form von *sein* ist richtig? Korrigieren Sie die falschen Formen und notieren Sie.

Naima ist (1) die Abteilungsleiterin im Bereich Kasse. Sie bist (2) eine strenge Chefin. Nadia beschwert sich: „Wir seid (3) alle so fleißig und Naima sein (4) oft böse. Sie sagt, wir seid (5) zu langsam." Ernesto meint: „Du ist (6) selbst schuld, Nadia. Naima ist (7) eine gute Chefin. Ich bist (8) zufrieden." Da kommt ein Kunde und fragt: „Seid (9) Sie hier verantwortlich? Ich brauche Hilfe."

1. ....   4. ....   7. ....
2. ....   5. ....   8. ....
3. ....   6. ....   9. ....

7 Welches Verb passt? Ergänzen Sie die Sätze.

→ 59/5d

1. ● Guten Tag, ich .... Altan Tsogt. Ich .... heute hier ....
2. ○ Anja Lindström, ... mich. Woher .... Sie denn?
3. ● Aus der Mongolei, aber ich .... schon 5 Jahre hier. .... Sie auch hier in der Abteilung?
4. ○ Ja. Wenn Sie Fragen zur Kasse .... , immer gerne. Damit .... ich mich ....
5. ● Gut zu .... Vielen Dank!

8

a Svetlana Barishnikova muss an ihrem ersten Arbeitstag mehrfach ihren Namen buchstabieren. Helfen Sie ihr. Wie geht es weiter?

● Ich buchstabiere: Barishnikova. B wie Berlin, A wie Anton, …

A wie Anton	**H** wie Himmel	**O** wie Otto	**V** wie Vogel
B wie Berlin	**I** wie Ida	**P** wie Paul	**W** wie Weihnachten
C wie Cäsar	**J** wie Joghurt	**Q** wie Quark	**X** wie Xylophon
D wie Donnerstag	**K** wie Kontrolle	**R** wie Robert	**Y** wie Yak
E wie Emil	**L** wie lustig	**S** wie Südpol	**Z** wie Zeppelin
F wie Freitag	**M** wie Montag	**T** wie total	
G wie gut	**N** wie Nordpol	**U** wie U-Bahn	

b Finden Sie für einige Buchstaben andere Wörter und buchstabieren Sie sich gegenseitig Ihren Namen und Ihre Adresse.

9 Welche Verben sind für Ihren Beruf wichtig? Notieren Sie und schreiben Sie 10 Sätze.

Svetlana kassiert schnell. Ich höre dem Kunden gut zu.

kassieren
zuhören
...

D | Einen Arbeitsvertrag lesen

10 **a** Welche Nomen finden Sie hier? Notieren Sie die Nomen mit Artikel.

61/2c

URLAUBARBEITSVERTRAGKÜNDIGUNGVERGÜTUNGNEBENTÄTIGKEITARBEIT
GEBERPROBEZEITARBEITNEHMERFRIST

der Urlaub,

b Schreiben Sie die Wörter auf Kärtchen. Ziehen Sie ein Kärtchen und bilden Sie mit dem Wort einen Satz.

der Arbeitsvertrag   _der Urlaub_

11 **Welches Wort passt? Ergänzen Sie.**

Vollzeit | Bruttovergütung | Nebentätigkeit | Urlaub | Arbeitsvertrag | Probezeit | Arbeitsunfähigkeitsbescheinigung

1. Im .... stehen alle wichtigen Regelungen zu einem Arbeitsverhältnis.
   Bevor man ihn unterschreibt, sollte man ihn genau durchlesen.

2. Während der .... können Arbeitgeber und Arbeitnehmer
   relativ schnell kündigen.

3. Personen mit einer Arbeitszeit zwischen 35 und 40 Stunden pro Woche, arbeiten ....

4. Jeder Arbeitnehmer darf jedes Jahr ca. 4 Wochen nicht arbeiten. Er hat dann ....

5. Kranke Arbeitnehmer müssen beim Arbeitgeber eine ....
   vorlegen.

6. Arbeitnehmer bekommen für ihre Arbeit eine ....
   Sie müssen davon aber noch Steuern und Versicherungen bezahlen.

7. Eine zweite Arbeit, also eine .... , muss man sich meistens
   vom Arbeitgeber genehmigen lassen.

12 Samira hat eine neue Arbeit und versteht den Vertrag nicht ganz. Formulieren Sie die Sätze einfacher.

§ 4 Die wöchentliche Arbeitszeit beträgt 20 Stunden.

§ 8: Der Arbeitnehmer verpflichtet sich über alle Geschäftsgeheimnisse Stillschweigen zu bewahren.

§ 9: Jede Nebenbeschäftigung ist nur mit Zustimmung des Arbeitgebers zulässig.

§ 10: Nach Ablauf der Probezeit beträgt die Kündigungsfrist vier Wochen zum Ende des Kalendermonats.

1. *Samira muss jede Woche 20 Stunden arbeiten.*

2. *Samira darf nicht* ....

3. *Wenn Samira noch für eine andere Firma arbeiten will, muss sie* ....

4. *Samira kann kündigen, aber* ....

13 Was passt zusammen? Bilden Sie zusammengesetzte Nomen. Notieren Sie die Nomen mit Artikel.

↱ 61/3d

Brutto- | Kalender- | Arbeit- | Probe- | Werk- | Neben- | Betrieb- | Urlaub- | Kündigung- | Voll-

-zeit | -monat | -jahr | -tag | -tätigkeit | -geheimnis | -nehmer | -geber | -frist | -vergütung | -verhältnis

die Bruttovergütung, ...

E | Einen Personalfragebogen ausfüllen

14 **a Was passt nicht? Streichen Sie durch.**

↱ 62/3

1. Familienname | Geburtsdatum | Arbeitnehmer | Familienstand
2. Arbeitnehmerin | Krankenkasse | Selbstständige | Bezieherin Arbeitslosengeld
3. Geschlecht | Bankleitzahl | Kontonummer | Name des Bankinstituts
4. Name und Ort der Krankenkasse | Sozialversicherungsnummer | Geburtsort

b Zu welcher Kategorie gehören die Wörter in 14a. Ordnen Sie zu.

[ ] a. Bankverbindung
[ ] b. Status zu Beginn der Beschäftigung
[ ] c. Daten zur Sozialversicherung
[ ] d. Persönliche Angaben

Verben mit Vorsilben

1 **Wie könnte das Kapitel heißen, in dem der Text steht? Überfliegen Sie ihn und kreuzen Sie an.**

[ ] 1. Warenvorlage: gut gekauft ist halb verdient
[ ] 2. Warenvorlage: gut gezeigt ist halb verkauft
[ ] 3. Warenvorlage: gut geführt ist halb verkürzt

9.1 Warenvorführung durch den Verkäufer

Bei beratungsintensiven und erklärungsbedürftigen Produkten wünscht der Kunde meist unsere Hilfe. Nur der Fachmann kennt die Vorzüge der Ware. Er kann diese dem Kunden anschaulich zeigen und auf seine speziellen Wünsche eingehen.

Der Kunde will, dass wir
· die Produkte zeigen und auf deren Besonderheiten hinweisen;
· diese in ihrem Einsatz bzw. in der Anwendung vorführen;
· Entscheidungshilfen anbieten.

Eine gekonnte Warendarbietung
· verkürzt das Verkaufsgespräch: das Auge nimmt schnell viele Informationen auf,
· weckt die Aufmerksamkeit und das Interesse beim Kunden,
· steigert den Besitzwunsch.

aus: Kundenorientiert verkaufen (Lehr- und Arbeitsbuch für Berufsschulen)

2 **a Markieren Sie in den Sätzen aus dem Text alle Verben mit trennbarer Vorsilbe.**

1. Der Fachmann kann auf die speziellen Wünsche des Kunden eingehen.
2. Der Kunde will, dass wir Entscheidungshilfen anbieten.
3. Das Auge nimmt schnell viele Informationen auf.

> Achten Sie in Texten auf **Verben mit trennbarer Vorsilbe.** Die Vorsilbe kann allein am Satzende stehen. Suchen Sie den anderen Verbteil und erschließen Sie sich die Bedeutung über den Infinitiv.

b Wo steht die Vorsilbe in den Sätzen in 2a? Warum steht sie dort? Diskutieren Sie.

3 **a Suchen Sie im Text weitere Verben mit Vorsilbe. Welche haben eine trennbare, welche eine untrennbare Vorsilbe? Notieren Sie die Verben im Infinitiv. Was bedeuten sie?**

trennbar: .... untrennbar: ....

b Welche Verben mit anderen Vorsilben kennen Sie zu *-kaufen, -nehmen* und *-gehen*? Sammeln Sie und schreiben Sie Sätze mit den Verben.

einkaufen: Ich kaufe immer samstags ein.

c Können Sie eine Bedeutung von verschiedenen Vorsilben erkennen? Diskutieren Sie.

4 **Was halten Sie von der Kapitelüberschrift: *Gut gezeigt ist halb verkauft?* Tauschen Sie sich aus.**

Personalfragebogen

1 Ordnen Sie und schreiben Sie zusammengesetzte Nomen.

STANDFAMILIEN   LANDGEBURTS   ANGEHÖRIGKEITSTAATS

VERBINDUNGBANK   NUMMERKONTO   KASSEKRANKEN

....

....

2 Was fehlt: *-ig* oder *-ich*? Ergänzen Sie die passenden Buchstaben.

weibl...............   selbstständ...............   led...............   geringfüg...............

männl...............   sozialversicherungspflicht...............   persönl...............   tät...............

3 Welche Wörter sind hier versteckt? Ordnen Sie und schreiben Sie.

1. Familienstand:

   heivertetra ....   dengeschie ....

2. Staatsangehörigkeit:

   nischtaliie ....   ischtürk ....

   gerninischia ....   unischkrai ....

3. Geburtsland:

   ienSpan ....   landchenGrie ....

   ghaAfstanni ....   Mekoxi ....

4 Ordnen Sie zu und ergänzen Sie das Formular.

weiblich | Commerzbank | Jankovic | ledig | Zagreb, Jugoslawien | AOK, Dortmund | 6538902 |
Lidija | kroatisch

Personalfragebogen

Persönliche Angaben

Familienname	Vorname	Geburtsort, -land
....	....	....

Geschlecht	Staatsangehörigkeit	Familienstand
....	....	....

Bankverbindung

Name des Bankinstituts	Bankleitzahl	Kontonummer
....	*44040037*	....

Daten zur Sozialversicherung

Name der Krankenkasse, Ort

....

Personalfragebogen

5 | **Welche Nomen passen zu welchem Bereich? Ordnen Sie zu.**

Kontonummer | Geburtsort | Arbeitsvertrag | Familienstand | Staatsangehörigkeit | Bankinstitut |
Sozialversicherungsausweis | Bankleitzahl | Adresse | VWL-Vertrag

persönliche Angaben	Bankverbindung	Arbeitspapiere

6 | **Was passt nicht? Streichen Sie durch. Was passt für Sie? Notieren Sie.**

1. geschieden | männlich | verheiratet | ledig ....

2. sozialversicherungspflichtig | geringfügig entlohnt | wöchentlich ....

3. Verkäufer/in | Arbeitnehmer/in | Selbständige/r | Student/in ....

4. Abitur | Mittlere Reife | Steuerklasse | Hauptschulabschluss ....

7 | **Lesen Sie und ergänzen Sie das Formular mit Angaben aus dem Text.**

Ich heiße Mahdieyh Jannat und bin am 13. April 1981 in Teheran, im Iran geboren. Ich bin seit fünf Jahren verheiratet und habe eine zweijährige Tochter. Sie heißt Fatime Jannat und hat am 1.5. Geburtstag. Im Iran habe ich als Arabischlehrerin gearbeitet. In Deutschland war ich bisher Hausfrau und habe mich um meinen Mann und meine Tochter gekümmert.

Personalfragebogen

Persönliche Angaben

Familienname   Vorname   Geburtsort, -land

....

Geburtsdatum   Geschlecht   Staatsangehörigkeit   Familienstand

....

Kinder (Familienname, Vorname, Geburtsdatum)

....

Status zu Beginn der Beschäftigung

☐ Bezieher/in Arbeitslosengeld   ☐ Arbeitnehmer/in   ☐ Selbstständige/r   ☐ Sonstiges

Schulabschluss

☐ ohne Schulabschluss   ☐ Hauptschul-/Volksschulabschluss
☐ Mittlere Reife/vergleichbarer Abschluss   ☐ Abitur/Fachabitur

TEST

Lektion 5

1 **Was haben Sie in dieser Lektion gelernt? Testen Sie Ihr Wissen. Was ist richtig?
Lesen Sie und kreuzen Sie an.**

A | Einer allgemeinen Einweisung folgen

1. Worum kann es bei einer Einweisung am ersten
   Arbeitstag gehen?
   a. [ ] um Pausenzeiten und Dienstplan
   b. [ ] um Gehalt und Urlaubsplanung
   c. [ ] um Weiterbildung und Zeugnisse

2. Sie können gerne … tauschen.
   a. [ ] den Dienstplan
   b. [ ] eine Schicht
   c. [ ] die Pause

3. Welche Notiz passt zu diesem Satz?
   Schauen Sie den Dienstplan bitte jeden Tag an.
   a. [ ] Dienstplan jeden Tag anschauen!
   b. [ ] jeden Tag
   c. [ ] Dienstplan

4. Welcher Satz passt zum Thema *Ansprechpartner*?
   a. [ ] Im Pausenraum können Sie laut reden.
   b. [ ] Sie werden auch an der Kasse arbeiten.
   c. [ ] Bei Problemen sprechen Sie bitte zuerst
      mit der Schichtleitung.

B | Die Sprecherrolle übernehmen und abgeben

5. Wann kann man im Deutschen die Sprecherrolle
   übernehmen?
   a. [ ] Wann man will.
   b. [ ] Wenn der Gesprächspartner eine Pause
      macht.
   c. [ ] Wenn der Gesprächspartner leiser wird.

6. Wen sollten Sie nur in dringenden Fällen
   unterbrechen?
   a. [ ] Ihre Kollegen
   b. [ ] Ihre Kunden
   c. [ ] Ihren Ehepartner

7. Was können Sie sagen, wenn Sie Ihren
   Vorgesetzten unterbrechen möchten?
   a. [ ] Ich unterbreche Sie ungern, aber …
   b. [ ] Moment mal!
   c. [ ] Jetzt bin ich aber mal dran.

8. Paralleles Sprechen ist in Deutschland …
   a. [ ] ganz normal.
   b. [ ] oft unhöflich.
   c. [ ] besonders höflich.

C | Sich an einem neuen Arbeitsplatz vorstellen

9. Wie können Sie sich am ersten Arbeitstag Ihren
   Kollegen vorstellen?
   a. [ ] Guten Tag, ich bin …, der / die neue
      Mitarbeiter/in.
   b. [ ] Hallo, wie geht's?
   c. [ ] Freut mich.

10. Welche Frage können Sie einer neuen Kollegin am
    ersten Tag stellen?
    a. [ ] Arbeiten Sie auch hier?
    b. [ ] Sind Sie verheiratet?
    c. [ ] Wie alt sind Sie?

11. Der Chef stellt Ihnen einen Kollegen vor.
    a. [ ] Er arbeit auch in unserem Team.
    b. [ ] Er arbeiten auch in unserem Team.
    c. [ ] Er arbeitet auch in unserem Team.

12. Sie fragen mehrere Kollegen.
    a. [ ] Sein ihr auch in der Abteilung?
    b. [ ] Seid ihr auch in der Abteilung?
    c. [ ] Bist du auch in der Abteilung?

D | Einen Arbeitsvertrag lesen

13. Worüber finden Sie in einem Arbeitsvertrag keine Informationen?
    a. [ ] Probezeit
    b. [ ] Arbeitszeit
    c. [ ] Freizeit

14. Was bedeutet der Satz?
    Das Arbeitsverhältnis wird auf unbestimmte Zeit geschlossen.
    a. [ ] Der Vertrag ist unzulässig.
    b. [ ] Der Vertrag ist befristet.
    c. [ ] Der Vertrag ist unbefristet.

15. Wie heißt die Zeit, in der man arbeitet?
    a. [ ] Zeitarbeit
    b. [ ] Arbeitszeit
    c. [ ] Arbeitsfrist

16. Wem können Sie keine Fragen zu Ihrem Arbeitsvertrag stellen?
    a. [ ] der Personalabteilung
    b. [ ] dem Betriebsrat
    c. [ ] dem Betriebsarzt

E | Einen Personalfragebogen ausfüllen

17. Was müssen Sie zu Ihrer Bankverbindung in den Personalfragebogen schreiben?
    a. [ ] Kontonummer, Bankleitzahl bzw. IBAN, BIC
    b. [ ] Adresse und Telefonnummer der Bank
    c. [ ] Geheimzahl und Bankkartennummer

18. Welche Information braucht Ihr Arbeitgeber nicht?
    a. [ ] Ihr Geburtsdatum
    b. [ ] Geburtsdatum Ihrer Kinder
    c. [ ] Geburtsdatum Ihrer Eltern

19. Sie haben nebenbei einen Minijob. Was kreuzen Sie dazu bei *Art der Beschäftigung* an?
    a. [ ] Honorarbasis
    b. [ ] sozialversicherungspflichtig
    c. [ ] geringfügig entlohnt

20. Wo passt *AOK, Hamburg*?
    a. [ ] Name und Ort der Krankenkasse
    b. [ ] Name und Ort des Bankinstituts
    c. [ ] Geburtsort, -land

2 **Vergleichen Sie mit der Lösung auf S. 130. Für jede richtige Lösung gibt es einen Punkt. Wie viele Punkte haben Sie?**

Ich habe .... von 20 Punkten.

20–16 Punkte	15–11 Punkte	10–0 Punkte
☺ Prima! Gut gemacht!	☺ Ganz okay. Weiter so!	☹ Noch nicht so gut! Wiederholen Sie noch mal.

3 **Was können Sie noch nicht so gut? Ist das für Ihre Arbeit wichtig? Was möchten Sie üben? Notieren Sie.**

....
....
....
....

6 | Betriebliche Informationen

Porträt: Abdul Karimi

1

🔲 67/3b

Was ist kein Bildungsangebot? Wählen Sie aus und ordnen Sie zu.

das Training | der Fernlehrgang | der Bildungsanbieter | der Kurs | die Weiterbildung |
der Bildungssuchende | die Fortbildung | das Seminar | der Lehrgang | der Veranstaltungsort |
die Ausbildung | der Fachlehrgang

1. Person, die sich weiterbilden möchte: ....
2. Institution / Firma, die Weiterbildung anbietet: ....
3. Stadt / Adresse, wo das Angebot stattfindet: ....

2

a Sie recherchieren im Internet. Welche Kategorie auf der Internetseite ist für Sie interessant? Kreuzen Sie an.

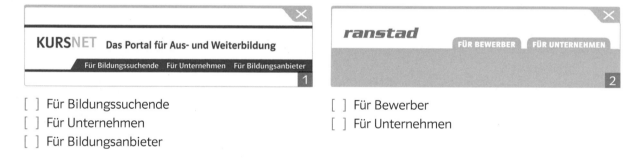

[ ] Für Bildungssuchende
[ ] Für Unternehmen
[ ] Für Bildungsanbieter

[ ] Für Bewerber
[ ] Für Unternehmen

b Gehen Sie auf www.arbeitsagentur.de → KURSNET. Wie sehen die Felder auf der Seite aus? Wo stehen sie?

> Viele Internetseiten richten sich an
> **verschiedene Personengruppen.**
> Suchen Sie Felder für Gruppen. Zu welcher
> Gruppe gehören Sie? Achten Sie bei Internet-
> recherchen auf ähnliche Elemente.

A | Eine Sicherheitsunterweisung verstehen

3

🔲 68/1a

Was passt zusammen? Ordnen Sie die Fragen den Überschriften zu.

1. Verhalten im Brandfall
2. Umgang mit gefährlichen Stoffen
3. Verbote am Arbeitsplatz
4. Tragen von Arbeitskleidung
5. Pflichten der Beschäftigten
6. Ordnung und Sauberkeit am Arbeitsplatz
7. Ansprechpartner/innen für den Arbeitsschutz

a. Was darf ich nicht tun?
b. Was mache ich, wenn es brennt?
c. Was müssen alle Arbeiter und Angestellten tun?
d. Wie arbeite ich mit gefährlichem Material?
e. Wem kann ich Fragen zur Sicherheit stellen?
f. Was muss ich anziehen?
g. Wie muss ich den Arbeitsplatz aufräumen und putzen?

a Was passt zusammen? Bilden Sie zusammengesetzte Nomen.

69/1c

Alkohol- | Feuer- | Flucht- | Gehör- |
Haar- | Not- | Rauch- | Rettungs- |
Sicherheits-

-beauftragte | -löscher | -mängel |
-netz | -ruf | -schuhe | -schutz |
-verbot | -wagen | -wege | -wehr

Alkoholverbot,

....

....

....

b Notieren Sie passende Wörter aus 4a und ergänzen Sie den Artikel.

1. *der* ....

2. ....

3. ....

4. ....

5. ....

6. ....

7. ....

8. ....

a Ergänzen Sie die Tabelle und vergleichen Sie mit S. 77 im Kursbuch.

69/2

Infinitiv	Imperativ (Sie)	Imperativ (du)	Imperativ (ihr)
kommen	Kommen Sie!	Komm!	Kommt!
nehmen		Nimm!	
tragen			Tragt bitte!
arbeiten	Arbeiten Sie!		
beachten		Beachte bitte!	
austauschen			Tauscht aus!
sein		Sei vorsichtig!	

b Sind Sie schnell fertig? Notieren Sie die Formen auch für andere Verben.

lesen, sprechen, fahren, halten, öffnen, rechnen, …

6 Üben Sie gemeinsam Aufforderungen und Bitten im Imperativ.

> Zeigen Sie mir bitte die Fluchtwege!

> Mach bitte den Arbeitsplatz sauber!

1.

A: Sie sind der Sicherheitsbeauftragte der Firma. Sie siezen die Mitarbeiter. Sagen Sie ihnen:
· die Rettungswege freihalten
· die Sicherheitsschuhe immer tragen
· das Rauchverbot beachten
· das Haarnetz immer aufsetzen

B: Sie sind neu in der Firma und siezen den Sicherheitsbeauftragten. Bitten Sie ihn:
· die Fluchtwege zeigen
· den Feuerlöscher erklären
· die wichtigsten Sicherheitsvorschriften noch einmal zusammenfassen

2.

A: Sie arbeiten schon lange an Ihrem Arbeitsplatz. Sie duzen ihre jüngere Kollegin. Sagen Sie ihr:
· den Arbeitsplatz sauber machen
· die kaputten Lampen austauschen
· die Abfälle sorgfältig trennen
· das Haarnetz aufsetzen

B: Sie arbeiten schon lange in der Firma. Sie duzen alle Kollegen. Bitten Sie sie (ihr-Form):
· den kaputten Wasserkocher nicht öffnen
· den Mülleimer an seinen Platz stellen
· etwas langsamer sprechen
· einen Rettungswagen rufen

7 *müssen* oder *nicht dürfen*? Ergänzen Sie die Modalverben in der richtigen Form

69/3

1. Bei Sicherheitsmängeln .... Sie ihre/n Vorgesetzte/n .... informieren.
2. Das Haarnetz .... ihr während der Arbeit .... abnehmen.
3. Bei Gefahr .... Sie das Gebäude über die Fluchtwege .... verlassen.
4. Du .... am Arbeitsplatz .... Alkohol trinken.
5. Die Türen von Backöfen und Geschirrspülern .... man .... immer schließen.
6. In der Küche .... jeder Mitarbeiter .... geeignete Schuhe tragen.
7. Die Notrufnummer .... du auf .... Fall vergessen.

B | Ein Organigramm verstehen

8 In welcher Abteilung macht man im Unternehmen was? Ordnen Sie die Aufgaben zu.

70/1b

Lohn auszahlen | Waren sortieren | neue Mitarbeiter suchen | Kündigungen unterschreiben | Vorstellungsgespräche führen | Bestellungen annehmen | Werbeanzeigen schreiben | Software installieren | Angebote für Material einholen | Mitarbeiter bei Problemen beraten | Lieferscheine überprüfen | Geld überweisen | Waren kontrollieren | PCs warten | Stellenanzeigen schreiben | Vorstellungsgespräche kontrollieren | Unternehmen leiten und verwalten

1. Buchhaltung: ....

2. Personal: ....

3. Verkauf / Marketing: ....

4. Einkauf: ....

5. Lager: ....

6. EDV: ....

7. Betriebsrat: ....

8. Geschäftsführung: ....

C | Eine Anfrage schreiben

9

71/2b

Was passt zur E-Mail von Herrn Karimi? Kreuzen Sie an.

1. Herr Karimi stellt eine …
   a. [ ] Anfrage.
   b. [ ] Antwort.
   c. [ ] Anrede.

2. Das Formular von der Bank sendet er …
   a. [ ] in der Datei.
   b. [ ] als Anhang.
   c. [ ] im Betreff.

3. Er bittet … eine Antwort.
   a. [ ] um
   b. [ ] auf
   c. [ ] für

4. Frau Landerer soll Bescheid …
   a. [ ] wissen.
   b. [ ] informieren.
   c. [ ] geben.

5. Er schreibt: Vielen Dank …
   a. [ ] in Voraus.
   b. [ ] Im voraus.
   c. [ ] im Voraus.

6. Er verabschiedet sich mit …
   a. [ ] freundlichen Grüßen.
   b. [ ] freundlichem Grüßen.
   c. [ ] lieben Grüße.

D | Jemanden um Hilfe bitten

10

73/2c

a Formulieren Sie höfliche Bitten im Konjunktiv.

1. 10 € leihen | mir | du | ?
   Könntest / Würdest du mir 10 € leihen?

2. etwas aus der Kantine mitbringen | mir | du | ?
   ....

3. die Klimaanlage reparieren lassen | Sie | ?
   ....

4. die Glühbirne über der Tür wechseln | Sie | ?
   ....

5. im Pausenraum etwas leiser sprechen | ihr | ?
   ....

6. den Aschenbecher regelmäßig leeren | ihr | ?
   ....

b Formulieren Sie die Sätze höflicher.

Beachten Sie:
haben → hätte, sein → wäre
andere Verben → *würde_* + Infinitiv

1. Machst du heute mit mir Mittagspause?
   Würdest du heute
   ....

2. Haben Sie noch Lieferscheine für uns?
   ....

3. Druckst du bitte die Liste aus?
   ....

4. Seien Sie bitte zu diesem Kunden besonders freundlich, Herr Abel!
   ....

5. Hast du vielleicht einen Taschenrechner für mich?
   ....

E | Das Verstehen sichern

11

74/3b

a Wie heißen die Sätze? Korrigieren Sie und schreiben Sie sie richtig.

1. Ihc habe vretsadenn, dass ihc die Wraen sotrierne sllo. Stmmti das?
   ....

2. Udn was slol ihc ncho tun?
   ....

3. Ihc vrsethee das nicht rhcitgi. Knnöen Sie imr das ziegen?
   ....

4. Etnshculidgen Sie, dass ihc Sie untreberche.
   ....

b Lesen Sie sich die Sätze gegenseitig vor. Lesen Sie sehr höflich und zurückhaltend / ängstlich / ärgerlich. Probieren Sie es aus.

12 **Wie kann man das Verstehen noch sichern? Ordnen Sie die Redemittel.**

Tut mir leid, aber ich bin nicht sicher, ob ich das richtig verstanden habe. | Bedeutet das, dass ich …? |
Könnten Sie das bitte noch mal sagen? | Wären Sie so nett und würden das wiederholen? |
Das letzte Wort habe ich leider nicht richtig verstanden. | Sie haben gesagt, dass … Ist das richtig? |
Heißt das, ich soll …? | Entschuldigen Sie, aber ich habe Sie nicht verstanden.

A: Sie sagen, dass Sie etwas nicht (ganz) verstehen.	B: Sie bitten um Wiederholung.	C: Sie fragen zurück, ob sie richtig verstanden haben.

sein + zu + Infinitiv

1 Worum geht es in diesem Text? Überfliegen Sie ihn und kreuzen Sie an.

[ ] um Vorschriften für Arbeitsplätze   [ ] um Hinweise zum Verhalten bei einem Unfall

Auszüge aus der Arbeitsstättenverordnung

Besondere Anforderungen an das Betreiben von Arbeitsräumen nach § 4 ArbStättV

Mängel und Verunreinigungen	Festgestellte **Mängel** und hygienische **Verunreinigungen** sind unverzüglich zu beseitigen.
Sicherheitseinrichtungen	**Sicherheitseinrichtungen** zur Verhütung und Beseitigung von Gefahren wie Sicherheitsbeleuchtungen, Feuerlöscheinrichtungen, Signalanlagen, (…) sind regelmäßig zu warten und auf ihre Funktionsfähigkeit zu prüfen.
Rettungs- und Fluchtpläne	**Rettungs- und Fluchtpläne** sind aufzustellen und an geeigneten Stellen auszuhängen.
Erste Hilfe	Mittel und Einrichtungen zur **Ersten Hilfe** sind bereitzustellen und regelmäßig auf ihre Vollständigkeit zu prüfen.

Räume nach § 6 ArbStättV

Umkleide-, Wasch- und Toilettenräume	**Umkleide-, Wasch- und Toilettenräume** sind für Männer und Frauen getrennt einzurichten.
Pausenraum	Bei mehr als zehn Beschäftigten ist ein **Pausenraum** zur Verfügung zu stellen, es sei denn, im Arbeitsraum selbst ist eine Erholung während der Pause möglich.

aus: Logistische Prozesse (Lehrbuch für Berufe der Lagerlogistik)

2 **a** Markieren Sie in den Sätzen die Verben. Wo steht das Subjekt? Unterstreichen Sie es.

1. Man muss festgestellte Mängel und hygienische Verunreinigungen unverzüglich beseitigen.
2. Man muss Mittel und Einrichtungen zur Ersten Hilfe bereitstellen.

b Wo stehen ähnliche Sätze wie in 2a im Text? Welche Form hat das Verb dort? Markieren Sie.

c Was muss man noch machen? Formulieren Sie 2 weitere Sätze aus dem Text um.

Man muss Rettungs- und Fluchtpläne aufstellen und …

> Achten Sie in Texten mit Regeln, Vorschriften oder Anweisungen auf Formulierungen mit *sein + zu + Infinitiv*. Sie sind unpersönlich. Die Tätigkeit ist wichtig, nicht die Person, die die Tätigkeit ausführt.

3 **a** Was ist an Arbeitsstätten wichtig? Klären Sie die Bedeutung der Sätze in 2c.

 b Wer könnte das Subjekt in den Sätzen sein?
Wer muss die Tätigkeiten ausführen? Diskutieren Sie.

● Ich finde, die Fluchtpläne muss die Geschäftsführung oder der Sicherheitsbeauftragte schreiben.

○ Ja, aber aufhängen muss sie bestimmt die Sekretärin.

4 Was finden Sie persönlich am Arbeitsplatz für Sicherheit und Gesundheit wichtig? Tauschen Sie sich aus.

Anfrage

1 **Ergänzen Sie.**

1. Sehr .... Herr Forster
2. Ich schicke Ihnen das Formular im ....
3. Über eine schnelle .... würde ich mich sehr ....
4. Vielen .... im ....
5. Mit freundlichen ....

2 **Trennen Sie die Wörter und schreiben Sie den Text neu. Achten Sie auf die Satzzeichen.**

SehrgeehrteFrauYilmazichwarleiderletzteWochekrankundkonntenichtander
SicherheitsunterweisungteilnehmenKönnenSiemirbitteschreibenwanndie
nächstenTerminesindVielenDankimVorausMitfreundlichenGrüßenEvaGallas

....
....
....
....

3 **Bringen Sie die Teile in die richtige Reihenfolge und schreiben Sie die Anfrage neu.**

```
Von: Simke, Claudia
- - - - - - - - - - - - - - - - - - - - - - - - - - - - - - - - - - - - - - - -
Betreff: Anfrage kaltes Büffet
- - - - - - - - - - - - - - - - - - - - - - - - - - - - - - - - - - - - - - - -
Mit freundlichen Grüßen
- - - - - - - - - - - - - - - - - - - - - - - - - - - - - - - - - - - - - - - -
Claudia Simke
Assistentin, Buchhaltung
- - - - - - - - - - - - - - - - - - - - - - - - - - - - - - - - - - - - - - - -
Bitte senden Sie mir bis zum 1.10. ein Angebot.
- - - - - - - - - - - - - - - - - - - - - - - - - - - - - - - - - - - - - - - -
Sehr geehrte Damen und Herren,
- - - - - - - - - - - - - - - - - - - - - - - - - - - - - - - - - - - - - - - -
An: info@kantine-jung.de
- - - - - - - - - - - - - - - - - - - - - - - - - - - - - - - - - - - - - - - -
Vielen Dank im Voraus.
- - - - - - - - - - - - - - - - - - - - - - - - - - - - - - - - - - - - - - - -
für eine Weiterbildungsveranstaltung am 11.10. benötigen wir ein
kaltes Büffet für 20 Personen im Raum 301. Folgende Speisen sollten
enthalten sein: Wurstplatte, Fischplatte, Käseplatte, Salate,
Desserts.
- - - - - - - - - - - - - - - - - - - - - - - - - - - - - - - - - - - - - - - -
```

Anfrage

4 Wofür können Sie welche Redemittel nutzen? Ordnen Sie zu.

Sehr geehrter Herr Hu | Herzliche Grüße | Über eine schnelle Antwort würde ich mich freuen. |
Sehr geehrte Damen und Herren | Vielen Dank im Voraus. | Ich freue mich, von Ihnen zu hören. |
Mit freundlichen Grüßen | Viele Grüße | Wenn Sie Fragen haben, können Sie sich gern melden. |
Liebe Kolleginnen und Kollegen

Anrede	Schlusssatz	Gruß

5 Ordnen Sie die Sätze.

1. gehört | dass | übernimmt | ich | die Firma | habe | die Kosten für Sicherheitsschuhe

   ....

2. neue Schuhe | und | die Rechnung | gekauft | geschickt | ich | habe | Ihnen

   ....

3. bitte | in Ordnung | können | mir | Sie | ist | Bescheid geben | damit | ob | alles

   ....

6 Lesen Sie die Anzeige und ergänzen Sie die Anfrage.

> ### Franks Feldküche
>
> Ob Betriebsfeier, Gartenfest oder Open-Air-Party – wir bieten leckere Suppen aus der Feldküche für jeden Anlass! Von der Erbsensuppe bis zum Zucchinieintopf, immer frisch zubereitet. Für bis zu 100 Personen.
> E-Mail: f.hauser@feldkueche.de

Von: ....
An: ....
Betreff: Sommerfest mit 25 Personen

Sehr ....

am 25. Juli veranstalten wir in unserer
Firma „Kombi" in der Ottostraße 2 ein Sommerfest und ....

....

....

....

....

....

Lektion 6

1 Was haben Sie in dieser Lektion gelernt? Testen Sie Ihr Wissen. Was ist richtig?
Lesen Sie und kreuzen Sie an.

A | Eine Sicherheitsunterweisung verstehen

1. Was passt zu *Tragen von Arbeitskleidung*?
   a. [ ] bei Gefahr Gebäude verlassen
   b. [ ] keine nassen Geräte bedienen
   c. [ ] Haarnetz tragen

2. Bei kleinen Bränden … verwenden.
   a. [ ] Rettungswagen
   b. [ ] Feuerwehr
   c. [ ] Feuerlöscher

3. Was ist ein Verbot?
   a. [ ] Sie müssen bei der Arbeit an Maschinen einen Gehörschutz benutzen.
   b. [ ] Sie dürfen elektrische Geräte bedienen.
   c. [ ] Sie dürfen am Arbeitsplatz nicht rauchen.

4. Was bedeutet die Formulierung?
   Arbeitsplatz sauber halten
   a. [ ] Halten Sie Ihren Arbeitsplatz sauber!
   b. [ ] Sie halten Ihren Arbeitsplatz sauber.
   c. [ ] Halten Sie Ihren Arbeitsplatz sauber?

B | Ein Organigramm verstehen

5. Wer steht oft oben in einem Organigramm?
   a. [ ] Geschäftsführung
   b. [ ] Abteilungsleiter
   c. [ ] Mitarbeiter

6. Wofür steht die Abkürzung BR?
   a. [ ] Betriebsrat
   b. [ ] Buchhaltung
   c. [ ] Beauftragter

7. Wohin gehen im Unternehmen Rechnungen?
   a. [ ] in die Personalabteilung
   b. [ ] in die Buchhaltung
   c. [ ] zum Sicherheitsbeauftragten

8. Was ist falsch?
   a. [ ] Die Geschäftsführung leitet das Unternehmen.
   b. [ ] Die EDV-Abteilung zahlt Lohn aus.
   c. [ ] Der Betriebsrat berät Mitarbeiter bei Problemen.

C | Eine Anfrage schreiben

9. Sie wissen von einer Kollegin nur den Namen. Wie schreiben Sie sie an?
   a. [ ] Liebe Kollegin,
   b. [ ] Sehr geehrte Frau Meier,
   c. [ ] Hallo Meier,

10. Ich möchte Sie bitten, mir Bescheid zu …
    a. [ ] informieren.
    b. [ ] halten.
    c. [ ] geben.

11. Sie verschicken etwas mit Ihrer E-Mail.
    a. [ ] Das sende ich Ihnen im Anhang.
    b. [ ] Das schicke ich Ihnen mit der Post.
    c. [ ] Das ist hier dabei.

12. Welcher Satz ist richtig?
    a. [ ] Viel Dank im vor aus.
    b. [ ] Viel Danke im Voraus.
    c. [ ] Vielen Dank im Voraus.

D | Jemanden um Hilfe bitten

13. Welcher Satz ist richtig?
    a. [ ] Könntest du helfen mir bitte?
    b. [ ] Könntest du mir bitte helfen?
    c. [ ] Bitte du mir helfen könntest?

14. Welche Bitte ist richtig?
    a. [ ] Würden Sie mir das bitte erklären?
    b. [ ] Werden Sie mir das bitte erklären?
    c. [ ] Wurden Sie mir das bitte erklären?

15. Welche Bitte ist am höflichsten?
    a. [ ] Hätten Sie vielleicht kurz Zeit?
    b. [ ] Hast du Zeit?
    c. [ ] Haben Sie kurz Zeit?

16. An wen können Sie die Bitte richten?
    Kannst du mir 10 € leihen?
    a. [ ] an einen Kunden
    b. [ ] an einen Kollegen
    c. [ ] an den Geschäftsführer

E | Das Verstehen sichern

17. Sie wiederholen, was Sie verstanden haben.
    a. [ ] Ich habe verstanden, dass ich …
    b. [ ] Ich verstehe das nicht richtig.
    c. [ ] Ich kann leider nicht so gut Deutsch.

18. Entschuldigen Sie, dass ich Sie …
    a. [ ] wiederhole.
    b. [ ] unterbreche.
    c. [ ] verstehe.

19. Sie möchten sicher gehen, dass Sie richtig verstanden haben.
    a. [ ] Heißt das, ich soll …?
    b. [ ] Kannst du mir das bitte schriftlich geben?
    c. [ ] Ich verstehe gar nichts.

20. Sie haben alles verstanden. Was sagen Sie?
    a. [ ] Alles klar.
    b. [ ] Wir werden sehen.
    c. [ ] Geht schon.

2 **Vergleichen Sie mit der Lösung auf S. 131. Für jede richtige Lösung gibt es einen Punkt.**
Wie viele Punkte haben Sie?

Ich habe .... von 20 Punkten.

20 – 16 Punkte	15 – 11 Punkte	10 – 0 Punkte
☺ Prima! Gut gemacht!	☺ Ganz okay. Weiter so!	☹ Noch nicht so gut! Wiederholen Sie noch mal.

3 **Was können Sie noch nicht so gut? Ist das für Ihre Arbeit wichtig? Was möchten Sie üben?**
Notieren Sie.

....
....
....
....

7 | Kontakte am Arbeitsplatz

Porträt: Flor López

1 **Welches Wort passt? Ergänzen Sie den Text.**

79/2c

Beruf | gleichwertig | Gehalt | Abschluss | Unterlagen | Antrag | unbefristeten | Festanstellung | Anerkennung | anerkennen lassen

Sie haben im Ausland einen .... (1) gelernt und möchten in Deutschland arbeiten?

Dann können Sie Ihren ausländischen .... (2) hier .... (3). Sie müssen dafür die zuständige Stelle finden, einen .... (4) stellen und verschiedene .... (5) einreichen. Die Stelle prüft, ob Ihr Berufsabschluss mit einem deutschen Abschluss .... (6) ist. Sie bekommen dann einen offiziellen Bescheid. Wenn Sie eine .... (7) bekommen, können Sie einfacher in Ihrem Beruf arbeiten. Sie haben gute Chancen auf eine .... (8), ein höheres .... (9) oder einen .... (10) Arbeitsvertrag.

2 **a Wie heißt Ihr Beruf auf Deutsch? Ist er in der Wortwolke? Markieren oder notieren Sie.**

Betriebswirt / Betriebswirtin

Rechtsanwalt / Rechtsanwältin   Arzt / Ärztin

Ingenieur / Ingenieurin   Erzieher / Erzieherin

Lehrer / Lehrerin   Informatiker / Informatikerin

Zahnarzt / Zahnärztin

Gesundheits- und Krankenpfleger

Sozialpädagoge / Sozialarbeiter

Mein Beruf: ....

> Manche Internetseiten enthalten Wortwolken mit wichtigen Begriffen. Die größten Wörter sind am interessantesten. Achten Sie bei der Suche auf Wortwolken. Sie führen Sie oft schnell zum Thema.

b Gehen Sie im Internet auf www.anerkennung-in-deutschland.de und suchen Sie die Wortwolke mit Berufen. Klicken Sie einen Beruf an. Was passiert?

c Suchen Sie im Anerkennungs-Finder die zuständige Stelle. Notieren Sie.

Für meinen Abschluss zuständige Stelle: ....

d Für den Antrag brauchen Sie verschiedene Unterlagen. Machen Sie eine Liste: Was haben Sie?
Was brauchen Sie noch? Wer kann Ihnen helfen? Ergänzen Sie.

Ich habe schon:	Ich brauche noch:	Wer mir helfen kann:
Schulzeugnis	Übersetzung	Übersetzerdienst in der Paulstraße

A | Telefongespräche annehmen

3

80/1c

Wie kann man sich am Arbeitsplatz am Telefon nicht melden? Streichen Sie durch.

Zeller & Co., Erikson, hallo. | Ja hallo. | Zeller & Co. Was kann ich für Sie tun? | Erikson, ich höre. |
Hallo, alles klar? | Zeller & Co., mein Name ist Erikson. Guten Tag. | Zeller & Co. Schön, dass Sie anrufen.

4

81/2b

Was sagt man oft am Telefon? Ergänzen Sie.

1. Bleiben Sie bitte .... Ich .... Sie.
2. Tut mir leid, aber er / sie ....
3. Kann ich .... ?
4. Soll er / sie .... ?
5. Was .... ?

5

81/5b

a Kombinieren Sie und bilden Sie Verben mit Vorsilbe. Notieren Sie und schlagen Sie die Bedeutung
im Wörterbuch nach.

durch- | aus- | weiter- | zurück- | an- | -helfen | -rufen | -richten | -stellen | -kommen

durchstellen,
....
....

b Schreiben Sie mit den Wörtern Sätze. Unterstreichen Sie das Verb wie im Beispiel.

Herr Erikson stellt den Kunden durch.
....
....
....

6

a Welche Verben sind hier versteckt? Welche haben eine trennbare, welche eine untrennbare Vorsilbe?
Trennen Sie die Verben und markieren Sie mit 2 Farben.

UNTERHALTEN|HINTERLASSENWEITERHELFENVERBINDENZURÜCKRUFENVERSUCH
ENAUSRICHTENBEGRÜSSENVERABSCHIEDENVEREINBARENENTSCHULDIGEN

b Welche Verben aus 6a passen? Ergänzen Sie das Telefongespräch und spielen Sie es im Kurs nach.

● Hausverwaltung Dobmann, Lipsicki. Wie kann ich Ihnen .... ?

○ Hallo, hier ist Akbey, der Hausmeister der Anlage 47 bis 49 in der Goethestraße. Können Sie mich bitte mit Herrn Dobmann .... ?

● Tut mir leid, Herr Dobmann ist nicht da. Er hat einen Außentermin. Soll er Sie später .... ?

○ Nein, danke. Aber kann ich ihm eine Nachricht .... ?

● Natürlich, gern.

○ Gut, dann .... Sie ihm bitte .... , dass ich mit den Mietern in der Goethestraße 47 neue Termine für die Übergabe .... habe. Wir treffen uns am 3.11. um 15 Uhr.

● 3.11., 15 Uhr. Das habe ich notiert.

○ Vielen Dank und auf Wiederhören.

● Wiederhören.

B | Eine Telefonnotiz schreiben

7
82/2c

Welche Wörter aus einer Telefonnotiz sind gemeint? Ergänzen Sie.

1. Etwas, das zu einer bestimmten Zeit stattfindet.
2. Eine Person, die anruft.
3. Jemand kümmert sich um etwas / macht etwas (fertig). Es geht um die …
4. Etwas anderes.
5. Jemand ruft bei der Person an, die angerufen hat.
6. Ein kurzer Text, meistens von Hand geschrieben.
7. Der Anrufer möchte, dass jemand eine Information bekommt.

Lösungswort: ....

C | Eine Anfrage am Telefon verstehen

8
⤷ 83/1b
▶ 34

Welche Informationen fehlen Frau López? Hören Sie das Telefongespräch aus dem Kursbuch noch einmal und kreuzen Sie an.

[ ] a. Wo Frau Konrad wohnt.
[ ] b. Der Vorname von Frau Konrad.

[ ] c. Wie man den Namen „Konrad" schreibt.
[ ] d. Wann Frau Konrad bezahlen soll.

9
⤷ 83/1d
🙍🙍

a **Schreiben Sie 5 (lustige) Minidialoge mit den Redemitteln.**

» Genau.   » Stimmt, aber …   » Gut.
» Richtig.   » Ach so!   » Alles klar.

1. ● Bei euch schreibt man Kristina mit K, oder?
   ○ Genau.

2. ● Du brauchst keine Sonnenbrille. Es regnet.
   ○ Ach so!

b **Spielen Sie die Dialoge und variieren Sie sie. Welche Redemittel passen oft? Welche nur manchmal?**

D | Missverständnisse ansprechen

10
⤷ 84/1c

Welche Formulierungen sind unhöflich? Kreuzen Sie an.

[ ] 1. Häh? Was ist das denn?
[ ] 2. Entschuldigung, das habe ich anders gemeint.
[ ] 3. Ticken Sie eigentlich noch richtig?
[ ] 4. Versteh ich nicht.
[ ] 5. Ich glaube, ich habe Sie falsch verstanden.
[ ] 6. Ich glaube, das ist ein Missverständnis.
[ ] 7. Was haben Sie gerade gesagt?
[ ] 8. Habe ich Sie vielleicht falsch verstanden?

11
⤷ 85/4c

Ordnen Sie und bilden Sie indirekte Fragesätze.

1. in | Kantine | komme | wie | ich | die | ?
   Können Sie mir sagen, ...

2. Herr Mack | das Gleiche | warum | immer | sagt | .
   Ich verstehe nicht, ...

3. das | verstanden | Frau Long | richtig | Bestellsystem | hat | ob | .
   Ich weiß nicht, ...

4. was | mit | machen | Rechnungen | muss | den | ? | ich
   Können Sie mir erklären, ...

5. Termin | ob | notiert | Kalender | habe | den | im | ich | .
   Ich bin nicht sicher, ...

12

a Sie sind neugierig. Was möchten Sie über den neuen Kollegen wissen? Sammeln Sie Fragen.

> Wie alt ist er wohl?

> Wo …

b Formulieren Sie Ihre Fragen aus 12 a indirekt.

Wissen Sie vielleicht, wie alt er ist?

....

....

....

E | Einen offiziellen Brief verstehen

13

86/2b

a Lesen Sie den Aushang und beantworten Sie die Fragen.

> Liebe Kolleginnen und Kollegen,
>
> die Verkehrsbetriebe stellen die Jobtickets auf ein neues System um. Die alten Tickets sind nur noch bis Ende des Jahres gültig und werden durch Chipkarten ersetzt. Alle Mitarbeiter bekommen von der Personalabteilung die neuen Chipkarten. Wir informieren die Belegschaft per Mail, wann es so weit ist. Unser Betrieb unterstützt die Jobtickets auch weiterhin mit einer Zuzahlung und erhöht diese im nächsten Jahr um 10%. Wir bitten alle, den Betrag auf der Gehaltsabrechnung im Januar zu kontrollieren.
>
> Für Fragen stehen wir jederzeit zur Verfügung.
>
> Eure Personalabteilung

1. Von wem ist der Brief? ....
2. Was müssen die Mitarbeiter tun? ....

b Was ist richtig? Kreuzen Sie an.

[ ] 1. Es wird kein Jobticket mehr geben.

[ ] 2. Es werden Chipkarten eingeführt.

[ ] 3. Die Personalabteilung sammelt die alten Tickets ein.

[ ] 4. Die Zuzahlung des Betriebs ändert sich.

[ ] 5. Jeder soll seine Gehaltsabrechnung kontrollieren.

Adjektive mit Nachsilben

1 **Was zeigt die Übersicht? Überfliegen Sie den Text und kreuzen Sie an.**

[ ] Schritte [ ] Probleme [ ] Beispiele beim Kaufen und Verkaufen einer Ware.

3.4 Vertragsstörungen bei der Erfüllung des Kaufvertrags

	Kaufvertrag	
Verkäufer	⟷	Käufer

bei teilweiser oder fehlerhafter
Erfüllung der Pflichten

Störungen

liefert z. B. defekte Ware	mangelhafte Lieferung	
liefert nicht oder zu spät	Lieferungsverzug (nicht rechtzeitige Lieferung)	
	Annahmeverzug	nimmt die ordnungsgemäß gelieferte Ware nicht an
	Zahlungsverzug (nicht rechtzeitige Zahlung)	zahlt nicht oder nicht pünktlich

aus: Kaufmännische Grundbildung für Berufsfachschulen (Lehrbuch)

2 **a Welche der Adjektive kommen im Text vor? Markieren Sie.**

zauberhaft | fehlerhaft | mangelhaft | ernsthaft | wechselhaft
pflichtgemäß | zeitgemäß | ordnungsgemäß | vorschriftsgemäß

**b Was bedeuten die Nachsilben *-haft* und *-gemäß*? Was bedeuten die Adjektive in 2 a?
Tauschen Sie sich aus.**

3 **a Welche Erklärung passt zu den Adjektivendungen? Verbinden Sie.**

1. man kann / man muss
2. auf eine bestimmte Art
3. ohne

-los (fehlerlos, fleischlos)
-bar (haltbar, lieferbar, zahlbar)
-weise (leihweise, löffelweise)

> Achten Sie auf zusammengesetzte Adjektive mit typischen Nachsilben. Erschließen Sie sich die Bedeutung über die Endung. Viele Endungen haben eine Bedeutung, die für alle Adjektive gilt.

b Kennen Sie weitere Adjektive mit typischen Nachsilben? Sammeln Sie.

4 **Was denken Sie: Wer verursacht öfter Probleme bei Kaufverträgen, Käufer oder Verkäufer?
Diskutieren Sie.**

Telefonnotiz

1 **Welche Nomen sind hier versteckt? Schreiben Sie die Wörter.**

1. erArufn ....
2. furRckü ....

3. erTinm ....
4. inglguEred ....

2 **Worum geht es? Kreuzen Sie an.**

1. „Herr Baske soll mich doch bitte zurückrufen."
   Anrufer bittet um
   [ ] Kenntnisnahme   [ ] Rückruf   [ ] Erledigung   [ ] Termin   [ ] Sonstiges

2. „Können Sie ihr bitte ausrichten, dass das mit dem Essen am Freitag in Ordnung ist."
   Anrufer bittet um
   [ ] Kenntnisnahme   [ ] Rückruf   [ ] Erledigung   [ ] Termin   [ ] Sonstiges

3. „Er soll einfach die Rechnung schicken. Können Sie ihm das bitte sagen?"
   Anrufer bittet um
   [ ] Kenntnisnahme   [ ] Rückruf   [ ] Erledigung   [ ] Termin   [ ] Sonstiges

3 **Was kann man weglassen? Streichen Sie so viel wie möglich durch und schreiben Sie den Text in das Formular in 4.**

Grund des Anrufs: Das Licht im Treppenhaus funktioniert seit zwei Tagen nicht mehr. Er hat die Glühbirne bereits gestern ausgetauscht. Sie funktioniert aber immer noch nicht. Er sagt, ein Elektriker soll vorbeikommen und sich die Lampe ansehen.

4 **Ordnen Sie zu und ergänzen Sie das Formular. Nutzen Sie auch den Text aus 3.**

13.07. | Tellhaus, Mieter Hegelstr. 5 | 045 / 653421 | Klaus Leber | 14.30

> **TELEFONNOTIZ**
>
> Datum / Uhrzeit: ....
>
> Für: ....   Von: ....
>
> Anrufer: ....   Telefon: ....
>
> Anrufer bittet um
> [ ] Kenntnisnahme   [ ] Rückruf   [ ] Erledigung
> [ ] Termin   [ ] Sonstiges: ....
>
> Grund des Anrufs: ....
>
> ....
>
> ....

Telefonnotiz

5 **Welche Verben sind hier versteckt? Markieren Sie und notieren Sie.**

ANRUFENBESTELLENZURÜCKRUFENSCHICKENABGEBENERLEDIGENVORBEI
BRINGENÜBERWEISENANMELDENFERTIGMACHENBESORGENBENACHRICHTIGEN

....

....

6 **Schreiben Sie kurze Notizen zur Erinnerung wie im Beispiel.**

Ich muss unbedingt am Mittwoch Frau Müller anrufen und ihr zum Geburtstag gratulieren.

Mi Frau Müller
anrufen / Geburtstag

2. Herr Lemmert möchte bis Montag ein unverbindliches Angebot für einen neuen Bodenbelag. Ich hab gesagt, wir schicken es bis Montag.

1. Nicht vergessen, bis Freitag müssen wir den Praktikumsbericht abgeben.

3. Sie haben die Fahrtkosten für den Betriebsausflug noch nicht überwiesen. Können Sie das bitte bis Freitag machen?

....

....

....

....

7 **Spielen Sie ein Telefongespräch mit den Vorgaben. Schreiben Sie eine Telefonnotiz.**

- Guten Tag, Becker hier. Kann ich bitte mit Frau López sprechen?
- Tut mir leid, sie ...
- Ja, es geht um das Seminar am Samstag. ...

```
TELEFONNOTIZ

Datum / Uhrzeit: ..................................................

Für: ...........................................  Von: .................................

Anrufer: ...................................  Telefon: ..........................

Anrufer bittet um
[ ] Kenntnisnahme      [ ] Rückruf       [ ] Erledigung
[ ] Termin             [ ] Sonstiges: .............................

Grund des Anrufs: ......................................................

.......................................................................
```

TEST

Lektion 7

1 **Was haben Sie in dieser Lektion gelernt? Testen Sie Ihr Wissen. Was ist richtig?**
Lesen Sie und kreuzen Sie an.

A | Telefongespräche annehmen

1. Wie kann man sich im Beruf am Telefon melden, wenn auch Kunden anrufen?
   a. [ ] Hallo.
   b. [ ] Jensen, guten Tag.
   c. [ ] Bäckerei Hof, Jensen, guten Tag.

2. Sie entschuldigen einen Kollegen.
   Tut mir leid, Herr Walter ist …
   a. [ ] auf der Toilette.
   b. [ ] gerade nicht am Platz.
   c. [ ] im Moment besetzt.

3. Kann ich ihm etwas …
   a. [ ] ausrichten?
   b. [ ] weiterhelfen?
   c. [ ] versuchen?

4. Welcher Satz ist richtig?
   a. [ ] Ich durchstelle Sie.
   b. [ ] Ich stelle Sie durch.
   c. [ ] Ich stelle durch Sie.

B | Eine Telefonnotiz schreiben

5. Wann schreibt man eine Telefonnotiz?
   Wenn man …
   a. [ ] Kollegen über einen Anruf informieren möchte.
   b. [ ] ein Telefongespräch vorbereiten möchte.
   c. [ ] ein neues Telefon braucht.

6. Ein Kunde ruft für Ihre Kollegin Müller an. Wo notieren Sie *Frau Müller* in der Telefonnotiz?
   a. [ ] Von: ....
   b. [ ] Für: ....
   c. [ ] Anrufer: ....

7. Ein Anrufer will, dass Herr Meier ihn anruft.
   Was kreuzen Sie an?
   Anrufer bittet um …
   a. [ ] Kenntnisnahme
   b. [ ] Rückruf
   c. [ ] Erledigung

8. Wie formulieren Sie in einer Telefonnotiz?
   a. [ ] Der Handwerker ist nicht gekommen.
   b. [ ] Herr Hack hatte einen Termin mit dem Handwerker. Der ist aber nicht gekommen.
   c. [ ] Handwerker nicht gekommen.

C | Eine Anfrage am Telefon verstehen

9. Ein Kollege ruft an. Sie sind freundlich und bieten Ihre Hilfe an.
   a. [ ] Bitte?
   b. [ ] Was kann ich für Sie tun?
   c. [ ] Warum rufen Sie an?

10. Sie zeigen, dass Sie verstanden haben.
    a. [ ] Genau.
    b. [ ] Ach so?
    c. [ ] Vielleicht.

11. Sie haben keine Fragen mehr.
    a. [ ] Richtig.
    b. [ ] Alles klar.
    c. [ ] Stimmt.

12. Sie wissen nicht, ob man Klaus mit K oder C schreibt.
    a. [ ] Können Sie Ihren Namen buchstabieren?
    b. [ ] Wie war doch gleich Ihr Name?
    c. [ ] Klaus mit K?

D | Missverständnisse ansprechen

13. Sie haben einen Fehler gemacht, weil Sie etwas falsch verstanden haben.
    a. [ ] Oh, tut mir leid, ich hatte Sie so verstanden.
    b. [ ] So habe ich das nicht gemeint.
    c. [ ] Sie haben mich falsch verstanden!

14. Jemand macht einen Fehler, weil er Sie falsch verstanden hat. Was sagen Sie?
    a. [ ] Vielleicht habe ich mich nicht so genau ausgedrückt.
    b. [ ] Habe ich etwas falsch gemacht?
    c. [ ] Ich glaube, ich habe Sie falsch verstanden.

15. Welche Frage ist richtig?
    a. [ ] Können Sie mir sagen, ob stimmt das?
    b. [ ] Können Sie mir noch mal erklären, wie das funktioniert?
    c. [ ] Wissen Sie, was soll ich tun?

16. Welcher Satz ist falsch?
    a. [ ] Ich verstehe nicht, was ich tun soll?
    b. [ ] Ich weiß nicht, ob ich Sie richtig verstehe?
    c. [ ] Ich bin nicht sicher, wie Sie gesagt haben.

E | Einen offiziellen Brief verstehen

17. Alle Mitarbeiter in einem Betrieb sind …
    a. [ ] die Gewerkschaft.
    b. [ ] die Belegschaft.
    c. [ ] die Versammlung.

18. Was hat keine Tagesordnung?
    a. [ ] eine Betriebsversammlung
    b. [ ] eine Teamsitzung
    c. [ ] ein Protokoll

19. Von wem ist ein offizieller Brief mit der Unterschrift *C. Klaus, Betriebsratsvorsitzender*?
    a. [ ] vom Betriebsrat
    b. [ ] von der Geschäftsführung
    c. [ ] vom Personalchef

20. An der Betriebsversammlung dürfen keine Aushilfen …
    a. [ ] unterstützen.
    b. [ ] teilnehmen.
    c. [ ] stattfinden.

2 Vergleichen Sie mit der Lösung auf S. 132. Für jede richtige Lösung gibt es einen Punkt. **Wie viele Punkte haben Sie?**

Ich habe .... von 20 Punkten.

20 – 16 Punkte	15 – 11 Punkte	10 – 0 Punkte
☺ Prima! Gut gemacht!	☺ Ganz okay. Weiter so!	☹ Noch nicht so gut! Wiederholen Sie noch mal.

3 Was können Sie noch nicht so gut? Ist das für Ihre Arbeit wichtig? Was möchten Sie üben? **Notieren Sie.**

....

....

....

....

8 | Betriebliche Abläufe

Porträt: Vladimir Smirnow

1
91/1b

a Welches Verb passt? Markieren Sie.

1. In einem Praktikum kann man Berufserfahrung   machen. | gcwinnen. | sammeln.
2. Man kann im Praktikum Kontakte   knüpfen. | nehmen. | finden.
3. Durch das Praktikum kann man den Fuß in die Tür   stecken. | halten. | bekommen.
4. Im Praktikum kann man Arbeitsabläufe   kennen lernen. | machen. | wissen.

b Was bedeuten die Ausdrücke in 1a? Ordnen Sie zu.

[ ] a. Man kann lernen, wie die tägliche Arbeit organisiert wird.

[ ] b. Man kann Personen kennen lernen und vielleicht später mit ihnen oder bei ihnen arbeiten.

[ ] c. Man bekommt vielleicht die Möglichkeit, später mit oder bei dem Unternehmen zu arbeiten.

[ ] d. Man lernt praktische Dinge, die man später bei einer anderen Arbeit nutzen kann.

2
91/3

a Welche Fragen haben Sie zum Thema Praktikum? Sammeln und notieren Sie.

Bekommt man im Praktikum ein Zeugnis?

Praktikum

b Gehen Sie im Internet auf www.meinpraktikum.de. Unter welchem Stichwort finden Sie vielleicht Antworten auf Ihre Fragen? Kreuzen Sie an.

> **M www.meinpraktium.de**   ✕
>
> Praktikum **finden**   Praktikum **bewerten**   Rund um dein **Praktikum**

Auf Internetseiten finden Sie oft ganz oben eine Zeile mit verschiedenen Stichworten zur Navigation. Beginnen Sie dort zu suchen. Sie finden solche **Navigationsleisten** auf einigen Seiten auch links.

[ ] Praktikum finden
[ ] Praktikum bewerten
[ ] Rund um dein Praktikum

c Suchen Sie Antworten auf Ihre Fragen. Beginnen Sie Ihre Suche oben auf der Seite.

d Haben Sie Antworten gefunden? Notieren Sie Stichworte und tauschen Sie sich aus.

A | An einer Teambesprechung teilnehmen

3

92/2

a Welche Themen können in einer Teambesprechung mit der Teamleitung vorkommen? **Welche sollte man nicht im Team besprechen? Ordnen Sie zu.**

Neuigkeiten in der Familie | Arbeitszeiten | Lohnerhöhung | neue Frisur | Qualitätsmanagement | Urlaubsplanung | neue Projekte | Konflikte mit Kollegen | Wochenendplanung | Überstunden | Arbeitsabläufe | Übergabe | Kantinenessen | Rauchen | Erfahrungen mit Kunden | ~~neues Handy~~ | Ordnung am Arbeitsplatz | Pausen | Informationen über Patienten oder Kunden | Betriebsausflug

A: Kann man in einer Teamsitzung besprechen	B: Kann man nur eventuell in einer Teamsitzung besprechen	C: Sollte man nicht im Team besprechen
		neues Handy

b Wann sollten die Themen der mittleren Spalte nicht in die Teambesprechung gebracht werden? **Diskutieren Sie.**

c Kennen Sie weitere typische Themen für Teambesprechungen? Ergänzen Sie die Tabelle.

4

92/3c

Ordnen Sie und ergänzen Sie die Sätze.

1. zum | mehr | machen | Ankreuzen | Formular | im
Vielleicht könnte man ....

2. eine | früher | das | machen | Woche | sollten | wir | Fest
Ich denke, ...

3. Ich | Überstunden | würde | meine | abbauen | gerne
.... , ist das möglich?

4. einstellen | wieder | Sie | Leiharbeiter
Ich schlage vor, dass ....

5. müssen | wir | das | besprechen | hier | nicht
Aus meiner Sicht ....

5

93/4c

Wie heißt das Partizip Perfekt? Ergänzen Sie.

1. schreiben ....
2. gehen ....
3. verstehen ....
4. denken ....
5. nehmen ....

6. vergessen ....
7. sprechen ....
8. finden ....
9. bringen ....
10. anbieten ....

6 Ergänzen Sie die richtige Form des Verbs im Perfekt.

1. Wir .... die nächste Besprechung für Mittwoch .... (planen)

2. Meine Schicht .... heute um 6.00 Uhr .... (beginnen)

3. Ich .... meine Kollegen schon darüber .... (informieren), dass wir gestern die neue Maschine .... (testen)

4. Die Lieferfirma .... die Bestellung leider zu spät .... (zustellen)

5. Für das neue Projekt .... wir neue Aufgaben .... (bekommen)

6. Ich .... schon vor einem Monat meinen Urlaub .... (beantragen)

7. Wir .... die Qualität der Produkte in den letzten Jahren stark .... (verbessern)

7 Welches Modalverb passt? Ergänzen Sie.

93/5

konnten (2x) | mussten (2x) | konnte | durfte

1. Vor zwei Wochen war mein Kollege krank, aber ich .... ihn nicht vertreten.
2. Ich hatte selbst einen wichtigen Auftrag und ich .... mich nicht verspäten.
3. Weil wir keine Vertretung für den Kollegen finden .... , wir die Maschine ausschalten.
4. Wegen dieser Produktionsstörung .... wir die Ware nicht rechtzeitig liefern und alle Mitarbeiter .... letzte Woche Überstunden machen.

B | Mündliche Arbeitsanweisungen verstehen

8 **a** Sind die Sätze komplett oder fehlen Informationen? Ergänzen Sie.

94/2b

das neue Produkt | der Rechner | den Kollegen | die Maschine | die Fehlerkorrektur

	Satz komplett?	Welche Ergänzung fehlt?
Schalten Sie bei der Reinigung aus!	nein	die Maschine (Akkusativ)
1. Die Teambesprechung ist verschoben.		
2. Der Teamleiter hat Herrn Smirnow erklärt.		
3. Das Entwicklungsteam zeigt.		
4. Zeigt eine Fehlermeldung.		

Vergleichen Sie: Wäre der Satz in Ihrer Muttersprache verständlich?

b Schreiben Sie die vollständigen Sätze.

....

....

....

....

9 **a** Markieren Sie in den Anweisungen das Verb und ergänzen Sie die Übersicht.

1. Thomas, bring mir bitte den Wartungsplan von Halle A2!
2. Informieren Sie die Kollegen.
3. Könnten Sie bitte der Geschäftsführung das neue Produkt vorstellen?
4. Würdet ihr den Kunden die bestellten Waren bitte sofort liefern.
5. Eine Kopie des Vertrages schicken Sie bitte auch unserer Rechtsabteilung.
6. Ruf bitte den Hausmeister an.

Verb	Wem? (Dativ)	Wen? / Was? (Akkusativ)
bringen	mir	

b Schreiben Sie die Verben und Ergänzungen aus 9 a auf bunte Kärtchen (z. B. Dativ = rot).
Mischen Sie die Kärtchen und bilden Sie neue, vielleicht auch unsinnige, Sätze.

Bring bitte unserer Rechtsabteilung die bestellten Waren.

....

....

....

10 **a** Was kann man damit machen? Sammeln Sie Verben.

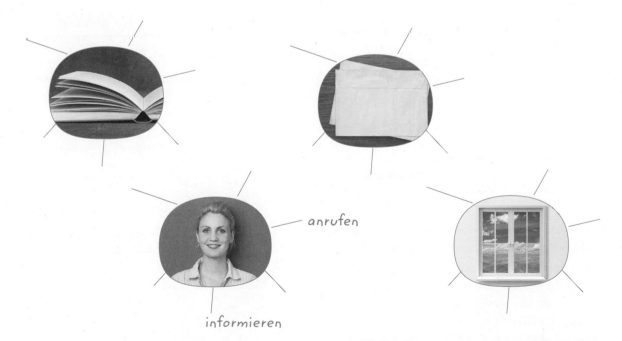

anrufen

informieren

b Formulieren Sie passende Anweisungen. Ihre Lernpartnerin / Ihr Lernpartner führt die Anweisung aus.

● Würden Sie bitte Frau Petrov das Buch bringen?
○ Ruf bitte Frau Gonzalo an!

C | Nachfragen

11

95/2b

Sie haben etwas nicht verstanden und Stichworte notiert, um später nachzufragen. Formulieren Sie Fragen mit den Redemitteln.

Sie haben gesagt, ich soll … Aber …? | Wie ist das bei …? Soll ich…? | Was soll ich tun: …? | Wie war das? Was soll …?

Firmenbesuch:
Frau oder Herr Hauser?

Wie war das? Wer kommt morgen zum Firmenbesuch? Frau oder Herr Hauser?

1. den Werkzeugschrank: ausräumen? aufräumen?

   ....

2. bei Notfällen: Hausmeister oder Kundendienst anrufen?

   ....

3. Bestellung ausliefern: sofort? in zwei Tagen?

   ....

4. ins Regal einräumen: Müsli? Marmelade?

   ....

D | Ein Qualitätsmanagement-Handbuch lesen

12

96/2

a Was passt zusammen? Bilden Sie zusammengesetzte Nomen.

Kunden-		Gebrauch-			-bericht		-meldung
Arbeit-	Urlaub-				-antrag		-anleitung
Material-		Dienst-	-s-		-plan		-bestellung
Fehler-					-reklamation		

....

....

....

b Um welches Formular handelt es sich? Ergänzen Sie Nomen aus 12 a.

1. Ein Kunde hat geschrieben, was ihm nicht gefällt.   ....
2. Liste mit Material, das man bekommen möchte.   ....
3. Mitarbeiter schreiben auf, was sie gemacht haben.   ....
4. Übersicht darüber, wer wann arbeiten muss.   ....
5. Erklärt, wie man ein Produkt bedient.   ....
6. Beschreibt ein Problem bei der Arbeit.   ....
7. Mitarbeiter schreiben auf, wann sie frei haben möchten.   ....

Fachtexte knacken

Passiv

1 Wo gibt es in Autos Airbags? Überfliegen Sie den Text und kreuzen Sie an.

[ ] 1. vorne, vor den Fahrersitzen   [ ] 3. an den Seitentüren
[ ] 2. oben, am Dach   [ ] 4. unten, auf dem Boden

SICHERHEITSTECHNIK

5.4.4 Airbags

Durch **Airbags** können die Insassen vor einem Anprall an Teilen des Innenraums wirksam geschützt werden. **Frontairbags** sind im Lenkrad und in der Armaturenverkleidung untergebracht. Sie schützen Fahrer und Beifahrer beim Frontalaufprall. Zusätzliche Airbags an den Seiten oder am Dach können z.B. bei einem Seitenaufprall wirksam werden.

Airbags werden in etwa 150 ms mit Gas gefüllt. Die erforderliche Gasmenge wird von einem **Gasgenerator** bereitgestellt. Der Treibsatz dieses Generators wird vom **Auslösesteuergerät** elektrisch gezündet. Die Unfallsituation erkennt das Steuergerät aus den Daten mehrerer Sensoren, welche die Verzögerung des Fahrzeugs erfassen.

! Die Gasgeneratoren der Airbags müssen nach etwa 10 Jahren ausgetauscht werden, weil sonst eine zuverlässige Zündung des Treibsatzes nicht mehr gewährleistet ist.

aus: Automobiltechnik kompakt (Lehrbuch)

2 **a** Markieren Sie in den Sätzen die Verben.

1. Airbags werden in etwa 150 ms mit Gas gefüllt.
2. Durch Airbags können Insassen vor einem Anprall an Teilen des Innenraums geschützt werden.

b Was bedeuten die Sätze in 2a? Diskutieren Sie und kreuzen Sie an.

1. [ ] 150 ms füllen den Airbag mit Gas.
   [ ] In kurzer Zeit sind die Airbags voll mit Gas.
2. [ ] Man kann die Insassen vor einem Problem schützen.
   [ ] Die Insassen können das Auto schützen.

c Wer ist das Subjekt in den Sätzen in 2a? Wer ist der „Akteur"? Tauschen Sie sich aus.

> **Passiv**
> *werden* + Partizip Perfekt
> Modalverb + Partizip Perfekt + *werden*

> Bei Sätzen im Passiv ist der Vorgang wichtig. Klären Sie daher zuerst die Bedeutung des Verbs. Wichtige Akteure können vorkommen. Achten Sie auf die Präpositionen *durch* und *von*.

3 Suchen Sie im Text 2 weitere Sätze mit *werden* + Partizip Perfekt und klären Sie die Bedeutung.

4 Was halten Sie von Airbags? Haben Sie nur Vor- oder auch Nachteile? Diskutieren Sie.

Fehlermeldung

1 **Welche Adjektive sind hier versteckt? Notieren Sie.**

1. fedekt   d_____
2. uttkap   k_____
3. dichunt   u_____

4. erisgsen   g_____
5. rezchenbro   z_____
6. schäigbedt   b_____

2 **Was ist das Problem? Beschreiben Sie und nutzen Sie Wörter aus 1 und 2.**

die Lampe | die Scheibe | das Seil | das Rohr

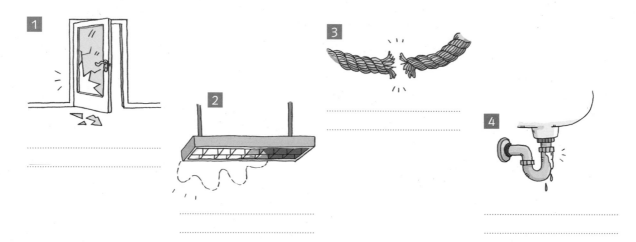

3 **Ordnen Sie, bilden Sie Sätze und ergänzen Sie die Fehlermeldung.**

Das Display | ist defekt. | Er gibt keinen Kaffee aus | ein Becher fest. | zeigt „Error 8". | und Kaffeepulver kontrolliert. | Der Kaffeeautomat | Die Kontrollleuchte blinkt | Wahrscheinlich hängt | Wir haben Wasser | Gerät ausgeschaltet | und macht ratternde Geräusche. | abwechselnd rot und grün. | und Netzstecker gezogen.

FEHLERMELDUNG

Meldung von: .... an: Fuhrmann.................... Datum: ....

Fehlerbeschreibung: ....

....

....

Fehlerursache: ....

Eingeleitete Korrekturmaßnahmen: ....

....

Fehlermeldung

4 Was passt nicht? Streichen Sie durch.

1. kaputt | defekt | intakt | beschädigt
2. Schaden | Fehler | Nutzen | Mangel
3. ignorieren | kontrollieren | überprüfen | checken
4. reparieren | wiederherstellen | flicken | zerstören
5. melden | schweigen | benachrichtigen | mitteilen

5 Wählen Sie in 4 aus jeder Reihe ein Wort. Schreiben Sie Sätze wie im Beispiel.

1. *Ca. 20 % der fertigen Türen sind beschädigt.*

2. ....

3. ....

4. ....

5. ....

6 Schreiben Sie mithilfe der Notizen eine Fehlermeldung.

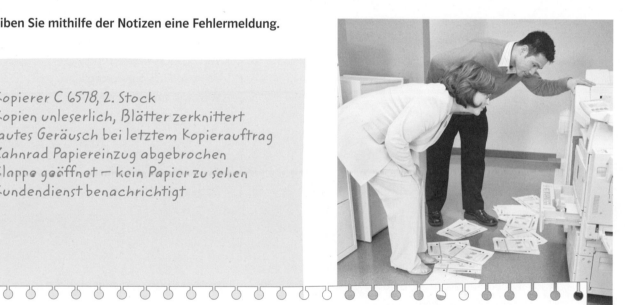

Kopierer C 6578, 2. Stock
Kopien unleserlich, Blätter zerknittert
lautes Geräusch bei letztem Kopierauftrag
Zahnrad Papiereinzug abgebrochen
Klappe geöffnet – kein Papier zu sehen
Kundendienst benachrichtigt

FEHLERMELDUNG

Meldung von: .... an: *Fuhrmann*.................... Datum: ....

Standort des Geräts: ....

Fehlerbeschreibung: ....

....

Fehlerursache: ....

Eingeleitete Korrekturmaßnahmen: ....

....

Lektion 8

1 Was haben Sie in dieser Lektion gelernt? Testen Sie Ihr Wissen. Was ist richtig?
Lesen Sie und kreuzen Sie an.

A | An einer Teambesprechung teilnehmen

1. Wofür steht die Abkürzung TOP?
   a. [ ] Tagesoperation
   b. [ ] Tagesordnungspunkt
   c. [ ] Tagungsorganisationsplan

2. Sie machen einen Vorschlag.
   a. [ ] Vielleicht könnte man …
   b. [ ] Bei mir war es so: …
   c. [ ] Meiner Meinung nach …

3. Welcher Satz ist falsch?
   a. [ ] Wir sind damit gut gefahren.
   b. [ ] Wir haben neue Formulare geeinführt.
   c. [ ] Habt ihr das vergessen?

4. Welcher Satz ist falsch?
   a. [ ] Ich wollte keine Überstunden machen.
   b. [ ] Ich musste aber welche machen.
   c. [ ] Deswegen kannte ich nicht wegfahren.

B | Mündliche Arbeitsanweisungen verstehen

5. Was ist keine Arbeitsanweisung?
   a. [ ] Könnten Sie die Skizze mitbringen?
   b. [ ] Schicken Sie ihm bitte die Datei.
   c. [ ] Haben Sie mich verstanden?

6. Welche Frage passt?
   Antworten Sie bitte dem Kunden heute noch.
   a. [ ] Wer soll ich antworten?
   b. [ ] Wem soll ich antworten?
   c. [ ] Wen soll ich antworten?

7. Welcher Satz ist nicht komplett?
   a. [ ] Könnten Sie der Praktikantin erklären?
   b. [ ] Ruf bitte den Hausmeister an.
   c. [ ] Helfen Sie bitte dem Kunden.

8. Welche Ergänzung hat das Verb *aufräumen* nicht?
   a. [ ] Nominativ (wer?)
   b. [ ] Akkusativ (wen? / was?)
   c. [ ] Dativ (wem? / was?)

C | Nachfragen

9. Was machen Sie, wenn Sie eine Anweisung nicht richtig verstanden haben?
   a. [ ] machen, was ich verstanden habe
   b. [ ] nachfragen
   c. [ ] warten

10. … Sie mir das bitte genauer erklären?
    a. [ ] Könnten
    b. [ ] Dürfen
    c. [ ] Haben

11. Welche Frage passt?
    Sie haben gesagt, ich soll Blumen kaufen. Aber …
    a. [ ] was soll ich machen?
    b. [ ] was für Blumen soll ich kaufen?
    c. [ ] wer soll Blumen kaufen?

12. Mir ist leider noch nicht alles …
    a. [ ] richtig.
    b. [ ] klar.
    c. [ ] genau.

D | Ein Qualitätsmanagement-Handbuch lesen

13. Welche Abkürzung ist für Qualitätsmanagement üblich?
    a. [ ] Quali
    b. [ ] Q-Management
    c. [ ] QM

14. Wozu ist Qualitätsmanagement gut?
    a. [ ] Um die Qualität zu sichern.
    b. [ ] Um Mitarbeiter zu gewinnen.
    c. [ ] Damit die Vorgesetzten wissen, was sie machen müssen.

15. Welches Formular finden Sie nicht in einem Qualitätsmanagement-Handbuch?
    a. [ ] Fehlermeldung
    b. [ ] Arbeitsbericht
    c. [ ] Krankmeldung

16. Was bedeutet die Formulierung?
    Projektleiter → Antwort zum Kunden
    a. [ ] Die Antwort geht an den Projektleiter.
    b. [ ] Der Projektleiter bekommt eine Antwort vom Kunden.
    c. [ ] Der Projektleiter antwortet dem Kunden.

E | Eine Fehlermeldung schreiben

17. Frau Schiefer entdeckt ein Problem in ihrer Firma. Was kreuzt sie an?
    Fehler wurde bekannt:
    a. [ ] intern (Mitarbeiter)
    b. [ ] extern (Kunde)
    c. [ ] extern (Lieferant)

18. Was steht nicht in einer Fehlermeldung?
    a. [ ] Fehlerbeschreibung
    b. [ ] Fehlerursache
    c. [ ] Produktbeschreibung

19. Was passt nicht zu *eingeleitete Korrekturmaßnahmen*?
    a. [ ] Eimer aufgestellt
    b. [ ] Feuerwehr gerufen
    c. [ ] Wasser im Lager entdeckt

20. Das Fließband in Halle 5 ist …
    a. [ ] beschäftigt.
    b. [ ] beschädigt.
    c. [ ] benachrichtigt.

---

2 **Vergleichen Sie mit der Lösung auf S. 133. Für jede richtige Lösung gibt es einen Punkt. Wie viele Punkte haben Sie?**

Ich habe .... von 20 Punkten.

20 – 16 Punkte	15 – 11 Punkte	10 – 0 Punkte
☺ Prima! Gut gemacht!	☺ Ganz okay. Weiter so!	☹ Noch nicht so gut! Wiederholen Sie noch mal.

3 **Was können Sie noch nicht so gut? Ist das für Ihre Arbeit wichtig? Was möchten Sie üben? Notieren Sie.**

....
....
....
....

9 | Technik am Arbeitsplatz

Porträt: Grace Mukamana

1

103/1b

Was passt zusammen? Ordnen Sie zu.

1. die Umschulung
2. die Förderung
3. arbeitssuchend
4. der Bildungsgutschein
5. die Berufserfahrung
6. der / die Arbeitsvermittler/in
7. das Studium

a. Dokument, mit dem man einen Kurs machen kann.
b. Person bei der Arbeitsagentur, die bei der beruflichen Integration hilft.
c. Alles, was man bei der Arbeit praktisch gelernt hat.
d. Kurs oder Ausbildung, in dem / der man einen neuen Beruf lernt.
e. Finanzielle oder andere Hilfe, die man bekommt.
f. Lernen an Universitäten und Hochschulen
g. Man will eine andere / neue Arbeit haben.

2

103/3

a Sie recherchieren im Internet. Für welche Funktionen stehen die Symbole? Ordnen Sie zu.

1 2 3 4 5 6

[ ] a. Suchen: Sie können auf der Seite nach einem Wort suchen.
[ ] b. Erläuterung / Hilfe: Sie bekommen Erklärungen und hilfreiche Informationen.
[ ] c. Vormerken: Sie sammeln interessante Suchergebnisse in einer Liste.
[ ] d. Druckansicht: Sie können die Informationen bequem direkt ausdrucken.
[ ] e. Papierkorb: Sie löschen den Eintrag / das Ergebnis Ihrer Suche.
[ ] f. Externer Link: Eine andere Internetseite öffnet sich.

b Gehen Sie auf www.arbeitsagentur.de → KURSNET und suchen Sie ein für Sie interessantes Bildungsangebot. Welche Symbole finden Sie auf der Seite? Klicken Sie sie an. Was passiert?

A | Rückfragen und Anweisungen verstehen

3

104/1b

Welches Wort passt? Markieren Sie.

1. Texte und Fotos kann man am   Regenschirm | Bildschirm anschauen.
2. Mit   der Tastatur | dem Klavier   kann man Ziffern und Buchstaben eingeben.
3. Die Maus | Der Klicker   führt den Pfeil (= Cursor) über den Bildschirm.
4. Zum Ausdrucken eines Dokuments braucht man einen   Scanner | Drucker.
5. Ein Programm ist Teil der   Hardware | Software.
6. Im Menü | In der Startleiste   findet man in Windows alle Programme.
7. Herunterfahren bedeutet den Rechner   ausschalten | einschalten.

4

→ 105/3
▶ 39, 40

Worüber sprechen Frau Mukamana und Herr van Dijk? Kombinieren Sie und bilden Sie zusammengesetzte Nomen. Hören Sie das Gespräch zur Kontrolle noch einmal.

Doppel- | Druck- | Drucker- | Probe- | -auftrag | -druck | -drucker | -einstellungen |
Standard- | System- | Windows-   -klick | -steuerung | -symbol

Doppelklick, ...

....

....

5

a Sollen Sie auf die Sätze nur eine Antwort geben oder auch etwas tun? Kreuzen Sie an.

	Antwort geben	etwas tun
1. Haben Sie das überprüft?	[ ]	[ ]
2. Das heißt, es funktioniert gar nicht?	[ ]	[ ]
3. Dann schalten Sie den Drucker bitte mal aus.	[ ]	[ ]
4. Können Sie den Button mal anklicken?	[ ]	[ ]
5. Hier sollten Sie das Symbol für den Drucker sehen.	[ ]	[ ]

b Welche Reaktion passt zu den Sätzen in 5a? Ordnen Sie zu. Es gibt mehrere Möglichkeiten.

[ ] a. Ganz genau.

[ ] b. Ja, das sehe ich.

[ ] c. Gern. … Erledigt.

[ ] d. Ja, das habe ich gemacht.

[ ] e. Okay, einen Moment.

6

→ 105/4b

Welcher Artikel passt? Ergänzen Sie.

den (2x) | der | die | ein (2x) | eine | keinen | meinen

1. ● Ich habe gestern .... E-Mail mit Anhang an eine Kundin geschickt.
Die E-Mail kam an, aber die Kundin kann .... Anhang nicht lesen.

2. ○ Haben Sie .... Anhang in einem speziellen Format verschickt?

3. ● Nein, ... Anhang war nur .... Brief als Word-Datei.

4. ○ Hat die Kundin .... anderes Programm als Sie?

5. ● Das weiß ich nicht. Aber sie hat .... topmodernen Rechner.

6. ○ Dann speichern Sie .... Brief am besten in einem Textformat und schicken
ihn noch einmal. Vielleicht kann sie .... Datei dann öffnen.

7. ● Okay, das probiere ich. Danke.

B | Wörter umschreiben

7

106/1c

a Was passt? Ordnen Sie zu und ergänzen Sie die Umschreibungen.

so Teile zum | so eine Maschine | das Dingsbums | das Ding aus Stoff da

1. Ich brauch ...., das Löcher ins Papier macht.
2. Hast du vielleicht ...., mit der man Löcher in eine Wand machen kann?
3. Gib mir doch bitte ...., das die Kleider schützt.
4. Haben wir noch .... Tippen?

b Was ist gemeint? Ordnen Sie die Umschreibungen aus 7a den Fotos zu und ergänzen Sie passende Wörter.

A [ ]   B [ ]   C [ ]   D [ ]

....

8

Sammeln Sie in 1 Minute so viele passende Wörter wie möglich und notieren Sie.

1. Gemüse: *Bohnen, Karotten,* ....
2. Werkzeug: ....
3. Büromaterial: ....
4. Geschirr: ....
5. Kleidung: ....

9

Spielen Sie „Wörter raten". Schreiben Sie Wörter auf Karten. Eine Person zieht eine Karte und erklärt das Wort, ohne es zu nennen. Die anderen raten. Wer das Wort zuerst errät, bekommt die Karte. Gewonnen hat, wer am Ende die meisten Karten sammeln konnte.

E-Mail

Kochtopf

Kasse

Maus

Es ist ein kleines Tier, das man auch für den Computer benutzt.

C | Telefonisch etwas bestellen

10
107/1c

a Welche 7 Wörter zum Thema Bestellung sind hier versteckt? Markieren Sie.

A	P	R	E	I	S	L	L	U	S
R	E	F	P	U	K	U	Ä	B	V
A	N	G	E	B	O	T	W	E	B
B	R	E	C	H	N	E	T	T	O
A	B	R	U	T	T	O	I	O	A
T	M	I	N	N	O	L	P	X	N
T	L	I	E	F	E	R	U	N	G

b Ergänzen Sie den Text mit den Wörtern aus 10 a.

Wenn Sie ein Produkt mehrfach bestellen, können Sie oft über den .... (1)
verhandeln. Manche Firmen geben einen .... (2), wenn Sie viel auf einmal
bestellen oder .... (3), wenn Sie innerhalb einer bestimmten Zeit bezahlen.
Manchmal ist auch die .... (4) inbegriffen. Am besten lassen Sie sich
ein .... (5) zuschicken. Dort finden Sie den Preis .... (6)
und .... (7), also mit und ohne Mehrwertsteuer.

11
107/2b

a Bilden Sie Sätze und schreiben Sie den Dialog.

1. möchte | für | bestellen | Küchenhandtücher und Spülmittel | gern | unsere Teeküche | .
   ● *Ich* ....

2. unser | für | kann | anbieten | da | Büro-Komplettpaket | ich | Ihnen | 99,90 Euro | .
   ○ ....

3. ist | inbegriffen | Lieferung | Preis | im | ist | die | ?
   ● ....

4. Versandkostenpauschale | hinzu | es | noch | kommt | 4,95 Euro | eine | von | .
   ○ *Nein, leider nicht.* ....

5. geben | uns | noch | Rabatt | können | Sie | einen | ?
   ● ....

6. ich | kann | nein | das | , | bei diesem Angebot | nicht | machen | leider | .
   ○ ....

7. schade | ist | das | aber | , | Danke | trotzdem | .
   ● ....

b Spielen Sie den Dialog nach und variieren Sie.

D | Einer Bedienungsanleitung folgen

⤴ 109/3

12 Welche Tätigkeiten sind hier versteckt? Markieren Sie und notieren Sie Verben.

EINSCHALTENTZNDRÜCKENWÜBERRPRÜFENDSPÜÖFFNENNHBEACHTENIUAG
LÖSCHENOBVABNEHMENCXOHALTENRZIEHENLIEBESTÄTIGENDEAUSWÄHLEN
IREINIGENNVAUSSCHALTEN

....

....

....

13 **a** Welches Verb passt zur Anweisung? Ergänzen Sie.

setzen | reinigen | drücken | vermeiden | verwenden | warten | befüllen

1. .... Sie den Umgang mit scharfen Chemikalien.

2. Gerät vor dem ersten Gebrauch ....

3. .... Sie das Gerät höchstens bis zur markierten Grenze.

4. .... Sie dabei nur klares, sauberes Wasser und

5. Dann Hebelschalter nach unten ....

und ....

6. .... Sie es auf die Basisstation.

Das Gerät hat eine Ausschaltautomatik.

b Bringen Sie die Sätze aus 13 a in eine sinnvolle Reihenfolge und schreiben Sie eine kurze
Bedienungsanleitung für den Wasserkocher.

c Welche Verben könnten in einer Bedienungsanleitung für ein Bügeleisen vorkommen?
Sammeln Sie, suchen Sie eine Anleitung im Internet und vergleichen Sie.

E | Schriftlich Termine vereinbaren

⤴ 110/2b

14 Welche Formulierung passt nicht? Streichen Sie durch.

```
Sehr geehrter Herr Miller,

ich würde gern mit Ihnen vom Herrn Schmitz aus | im Namen von
Herrn Schmitz einen Termin für eine kurze Verabredung | Besprechung
vereinbaren? Passt es Dir | Ihnen am 1.10. oder 2.10. um 10:00 Uhr?
Können Sie | Kannst du mir einen der Termine bitte bis morgen
ausmachen | bestätigen?

Wenn Sie Fragen haben, | Wenn was ist, können Sie mich gerne anrufen.

Vielen Dank im Voraus.

Mit freundlichen Grüßen
P. Renard
```

Partizip Perfekt als Adjektiv

1 **Was für ein Text ist das? Überfliegen Sie ihn und kreuzen Sie an.**

[ ] 1. Regeln, wie man ein Computernetzwerk nutzt.
[ ] 2. Anleitung, wie man eine Software installiert.
[ ] 3. Tipps, wie man die Internetverbindung verbessert.

3.2 Installation von Webmin

Webmin ist ein freies Programmpaket, um die Fernwartung eines Web-Servers so komfortabel wie möglich zu gestalten. Es kann über den Browser des entfernten Computers bedient werden und ermöglicht eine einfache Administration des Web-Servers. Integriert ist außerdem eine grafische Oberfläche zur Administration der Datenbanken.

Die neueste Version von Webmin kann man unter http://mesh.dl.(…) downloaden. Anschließend muss man das heruntergeladene Archiv mittels sudo dpkg –i webmin(…) installieren. Nach erfolgreicher Installation kann man mit einem entfernten Rechner auf Webmin zugreifen. Dazu öffnet man den Web-Browser und besucht den Server unter dem Port 10000. (…)

Möchte man mit einem Windows-PC auf den Server zugreifen, gibt es verschiedene Möglichkeiten. Die komfortabelste Möglichkeit ist wohl eine auf dem Windows-PC eingerichtete Netzwerkverbindung. Davor muss man allerdings erst die entsprechenden Verzeichnisse auf dem Server freigeben. Dies kann man mit dem integrierten Datei-Manager in Webmin machen. Anschließend kann man von einem Windows-PC eine Netzwerkverbindung zur IP-Adresse des Servers einrichten und in den freigegebenen Verzeichnissen Dateien kopieren, bearbeiten und löschen.

nach: Studenten-Wiki der Technischen Universität Cottbus

---

2 **a Was bedeutet die Formulierung aus dem Text? Kreuzen Sie an.**

in den freigegebenen Verzeichnissen
[ ] 1. Man hat die Verzeichnisse vorher freigegeben.
[ ] 2. Man muss die Verzeichnisse später freigeben.

b Finden Sie die Antwort im Text? Suchen Sie das Verb *freigeben* und diskutieren Sie.

3 **a Wie heißt das Partizip Perfekt der Verben? Ergänzen Sie.**

herunterladen ....
einrichten ....

> Das Partizip Perfekt steht oft als Adjektiv vor Nomen. Erschließen Sie sich die Bedeutung über das Verb. Fragen Sie: was ist vorher passiert? Beispiel: das installierte Programm = jemand hat das Programm vorher installiert

b Wo stehen die Partizipien im Text? Auf welches Nomen beziehen sie sich? Markieren Sie.

4 **Was haben Sie schon am Computer gemacht? Suchen Sie Aktivitäten im Text und tauschen Sie sich aus.**

• Ich habe schon Dateien gelöscht.

Terminvereinbarung

1 **Welches Verb passt nicht? Streichen Sie durch.**

1. einen Termin   vereinbaren | anbieten | passen | bestätigen
2. das Produkt   entwickeln | vorstellen | präsentieren | vereinbaren
3. eine Person   vorstellen | anrufen | freuen | grüßen

2 **Was fehlt? Ergänzen Sie die passenden Buchstaben.**

1. e oder eh

   s........r, ge........rter, H........rr, g........rn, T........rmin, vorst........llen, v........reinbaren

2. i oder ie

   d........, Term........n, h........rm........t, m........ch, v........len Dank ....m Voraus, anb........ten

3 **Trennen Sie die Wörter und schreiben Sie die Sätze.**

1. WirhabeneinneuesProduktentwickeltundmöchtenesIhnenvorstellen.

   ....

2. DafürwürdeichgernmitIhneneinenTerminvereinbaren.

   ....

3. WürdeIhneneinTerminamMontagum14Uhroder15Uhrpassen?

   ....

4 **Bringen Sie die Teile in die richtige Reihenfolge und schreiben Sie die Terminbestätigung.**

> Ich möchte ihn hiermit bestätigen.
> -
> Sehr geehrte Frau Kruse,
> -
> vielen Dank für Ihre E-Mail und das Angebot.
> -
> Ich habe großes Interesse an Ihrem neuen Service und würde Sie gern zu einem Gespräch einladen.
> -
> Wenn Sie noch Fragen haben, können Sie mich gern anrufen.
> -
> Ludmila Sokolova
> -
> Mit freundlichen Grüßen
> -
> Der Termin am 17.05. um 11 Uhr würde mir gut passen.

Terminvereinbarung

5 **Ergänzen Sie die Sätze aus einer E-Mail mit Terminvorschlägen.**

1. Ich möchte gern mit Ihnen einen ....
2. Würde Ihnen Montag 15 Uhr .... ?
3. Ich freue mich, wenn es ....
4. Vielen .... im ....
5. .... freundlichen ....

6 **Wofür können Sie welche Redemittel nutzen? Ordnen Sie zu.**

Falls Montag 15 Uhr nicht passt, würde ich Donnerstag 14 Uhr vorschlagen. | Montag um 15 Uhr passt sehr gut. | Mittwoch geht leider nicht, aber wie wäre es am Dienstag um 14.30 Uhr? | Ich kann Ihnen einen alternativen Termin am Mittwoch um 16 Uhr anbieten. | Ich möchte den Termin am Dienstag um 14.30 Uhr bestätigen. | Leider habe ich am Dienstag um 14.30 Uhr einen anderen Termin. | Tut mir leid, aber am Montagnachmittag habe ich eine Besprechung.

zusagen	absagen	einen alternativen Termin vorschlagen

7 **Lesen Sie den Terminvorschlag und formulieren Sie eine Ab- oder Zusage.**

Sehr geehrter Herr Suladze,

Sie haben mir mitgeteilt, dass Sie ein paar Ideen zur Kostenreduzierung und Erhöhung der Effizienz in unserer Firma haben. Ich würde mich freuen, wenn Sie mir Ihre Ideen im persönlichen Gespräch näher erklären. Passt Ihnen Donnerstag, der 27.08., um 11 Uhr bei mir im Büro?

Mit freundlichen Grüßen

Peter Adamovic

Betreff: .... am 27.08.

Sehr geehrter Herr Adamovic,

vielen Dank für ....

....

....

....

....

....

Lektion 9

1 Was haben Sie in dieser Lektion gelernt? Testen Sie Ihr Wissen. Was ist richtig?
Lesen Sie und kreuzen Sie an.

A | Rückfragen und Anweisungen verstehen

1. Sie schreiben mit einem Computer.
   Wo sehen Sie den Text?
   Auf dem …
   a. [ ] Rechner.
   b. [ ] Bildschirm.
   c. [ ] Drucker.

2. Hier finden Sie ein Symbol für Ihren Drucker.
   Tut mir leid, ich sehe … Drucker hier nicht.
   a. [ ] keinen
   b. [ ] ein
   c. [ ] meinen

3. Sie folgen einer Anweisung am Telefon.
   Was sagen Sie <u>nicht</u>?
   Machen Sie mal einen Probedruck.
   a. [ ] Okay, hab ich gemacht.
   b. [ ] Erledigt.
   c. [ ] Gern geschehen.

4. Haben Sie … Text gespeichert?
   a. [ ] den
   b. [ ] dem
   c. [ ] der

B | Wörter umschreiben

5. Kannst du mir das … da geben?
   a. [ ] Dingsbums
   b. [ ] Dangsbums
   c. [ ] Dingsrums

6. Wie können Sie <u>nicht</u> fragen?
   a. [ ] Wie sagst du noch mal das Teil?
   b. [ ] Wie nennst du noch mal das Teil?
   c. [ ] Wie heißt noch mal das Teil?

7. Sie umschreiben das Wort Topflappen.
   a. [ ] Ich brauch so ein Ding für heiße Töpfe.
   b. [ ] Ich brauch das heiße Teil aus Stoff.
   c. [ ] Ich brauch so ein Werkzeug für Töpfe.

8. Tassen, Teller, Schüsseln etc. sind …
   a. [ ] Küchenmaterial.
   b. [ ] Besteck.
   c. [ ] Geschirr.

C | Telefonisch etwas bestellen

9. Sie bestellen etwas am Telefon.
   Was sagen Sie <u>nicht</u>?
   a. [ ] Ich möchte gern … bestellen.
   b. [ ] Ich bräuchte …
   c. [ ] Ich kann Ihnen … anbieten.

10. Sie möchten Geld sparen.
    Wonach fragen Sie?
    a. [ ] Rabatt, Skonto
    b. [ ] brutto, netto
    c. [ ] Produkt, Lieferung

11. Was bedeutet *netto*?
    a. [ ] mit Mehrwertsteuer
    b. [ ] ohne Mehrwertsteuer
    c. [ ] alles inklusive

12. Ist die Lieferung im Preis …
    a. [ ] dazu?
    b. [ ] einverstanden?
    c. [ ] inbegriffen?

D | Einer Bedienungsanleitung folgen

13. Welches Thema steht in der Bedienungs-
    anleitung für ein Bügeleisen am Anfang?
    a. [ ] Gerät einschalten
    b. [ ] Gerät entsorgen
    c. [ ] Temperatur wählen

14. Bitte … Sie die Sicherheitshinweise.
    a. [ ] beachten
    b. [ ] bedienen
    c. [ ] befüllen

15. Was passt?
    Sprechen Sie jetzt Ihre Ansage auf. Dann …
    a. [ ] alte Nachrichten löschen.
    b. [ ] Aufnahme mit OK bestätigen.
    c. [ ] Gespräch entgegennehmen.

16. Was bedeutet *Schalter nach unten drücken*?
    a. [ ] Drücken Sie den Schalter nach unten.
    b. [ ] Der Schalter drückt nach unten.
    c. [ ] Unten drückt der Schalter.

E | Schriftlich Termine vereinbaren

17. Was passt nicht?
    Einen Termin …
    a. [ ] vereinbaren.
    b. [ ] bestätigen.
    c. [ ] vorstellen.

18. Sie antworten auf einen Terminvorschlag.
    Der Termin am 10.10. …
    a. [ ] ist angenehm.
    b. [ ] macht kein Problem.
    c. [ ] würde gut passen.

19. Sie machen einen Terminvorschlag.
    Was schreiben Sie am Ende nicht?
    a. [ ] Wenn Sie Fragen haben, können Sie
        gern anrufen.
    b. [ ] Ich freue mich, wenn es klappt.
    c. [ ] Alles in Ordnung.

20. Was passt?
    Ich würde mich freuen, wenn Sie mir den Termin
    bestätigen. …
    a. [ ] Vielen Dank für Ihre E-Mail.
    b. [ ] Vielen Dank im Voraus.
    c. [ ] Danke für das Angebot.

2 Vergleichen Sie mit der Lösung auf S. 133. Für jede richtige Lösung gibt es einen Punkt.
Wie viele Punkte haben Sie?

Ich habe .... von 20 Punkten.

20–16 Punkte	15–11 Punkte	10–0 Punkte
☺ Prima! Gut gemacht!	☺ Ganz okay. Weiter so!	☹ Noch nicht so gut! Wiederholen Sie noch mal.

3 Was können Sie noch nicht so gut? Ist das für Ihre Arbeit wichtig? Was möchten Sie üben?
Notieren Sie.

....

....

....

....

10 | Zeit im Arbeitsleben

Porträt: Antonios Karadimas

1
115/1b

Finden Sie Vor- und Nachteile von Zeitarbeit und sortieren Sie.

SCHLECHTEREBEZAHLUNGVIELFÄLTIGEBERUFSERFAHRUNGBERUFSEINSTIEGMÖG
LICHEÜBERNAHMESOZIALEABSICHERUNGWENIGSOZIALEKONKTAKTEINDERFIRM
AARBEITGEBERKENNENLERNENKEINEARBEITSLOSIGKEITUNREGELMÄSSIGEARBEI
TSZEITENSCHNELLEKÜNDIGUNGMÖGLICHWENIGARBEITSROUTINEMÖGLICHEWEIT
ERBILDUNG

Vorteile	Nachteile

A | Sich krankmelden

2
116/4b

Welches Wort passt? Ergänzen Sie.

Krankenkasse (2 x) | sagt … Bescheid | Krankenschein |
Arbeitsunfähigkeitsbescheinigung (2 x) | Überweisung |
meldet sich … krank

Herr Karadimas ist krank. Er ....
direkt am 1. Tag .... (1) . Er ....
seinem Arbeitgeber .... (2)
und geht zum Arzt. Dort bekommt er eine .... (3)
für seinen Arbeitgeber und eine .... (4) zu einem Facharzt.
Die .... (5) muss spätestens am 3. Tag seiner Krankheit
beim Arbeitgeber sein. Außerdem muss er das zweite Blatt davon zur .... (6)
schicken. Herr Karadimas findet das alles kompliziert. Seine Kollegin erklärt ihm, dass er zur
Arbeitsunfähigkeitsbescheinigung auch Krankmeldung oder .... (7) sagen kann.
Das macht es ein bisschen einfacher. Leider ist Herr Karadimas sehr lange krank.
Nach 6 Wochen Krankheit bezahlt sein Arbeitgeber ihm kein Gehalt mehr, aber von der
.... (8) bekommt er noch eineinhalb Jahre weiter maximal 90 % des Nettolohns.

B | Absprachen im Team verstehen

3 Hören Sie das Teamgespräch aus dem Kursbuch noch einmal und ergänzen Sie.

117/2b
▶ 42

Leiterin: Wer könnte am Donnerstag die Schicht tauschen und am Nachmittag kommen?

Frau S.: Die Nachmittags.............................. kann ich nicht .... (…)
Und Samstag .... bei mir .... nicht. (…)

Herr Ph.: Ich .... das gerne ...., aber ich hab am Donnerstag
einen wichtigen Arzttermin. Da .... ich früher gehen. (…)

Leiterin: Das ist schlecht. Wie .... es denn bei Ihnen ...., Frau Grover?

Frau G.: Ich kann es .... machen, aber die Frühschicht am Samstag ....
mir .... (…)

Leiterin: Gut, dann .... ich Sie schon mal für den Samstag ....

Herr Ph.: Samstagvormittag kann ich .... Ist es nicht .... ,
ich komme am Samstag und Frau Grover übernimmt den Donnerstag?
(…)

Herr Ph.: .... Sie denn am Donnerstag gegen 18 Uhr kommen und
mich .... , Frau Grover?

Frau G.: Ja, das mach ich ....

Leiterin: Super. Dann notiere ich: Herr Phan .... den Donnerstag
und Frau Grover .... von 18 bis 21 Uhr .... Äh, und wer (…)

4 Aus Ihrem Team müssen immer 2 Personen am Arbeitsplatz sein. Besprechen Sie,
wer wann im Sommer Urlaub macht. Nutzen Sie die Redemittel aus dem Gespräch in 3.

5 Vergleichen Sie die Kleidungsstücke und schreiben Sie Sätze.

117/4b

	OVERALL „KANSAS"	LATZHOSE „STARTER"	KITTEL „PROFESSIONAL"
Preis	49,95 €	29,95 €	19,95 €
Farbe	schwarz	grau/rot	rot
Taschen	4	5	3
Gewicht	800 g	400 g	200 g

1. teuer   *Die Latzhose ist teurer als der Kittel, aber der Overall*
2. praktisch
3. warm
4. leicht
5. gut gefallen

C | Regelungen zur Arbeitszeit verstehen

6 Welche Wörter aus dem Text im Kursbuch (S. 118) sind gemeint? Ergänzen Sie.

119/1c

1. Die Arbeit findet an Tagen statt, an denen man normalerweise nicht arbeitet.
2. Die Arbeitszeit ist vorbei, aber man arbeitet weiter.
3. Die ganze Firma ist mehrere Tage oder Wochen geschlossen.
4. Arbeit in einer öffentlichen Einrichtung, zum Beispiel im Krankenhaus oder im Kindergarten.
5. Der Arbeitnehmer arbeitet, wenn die meisten Leute schlafen.
6. Der Arbeitnehmer hält sich bereit für seine Arbeit und arbeitet, wenn er gebraucht wird.
7. Arbeitnehmer und Personalbüro organisieren, wer wann frei hat.
8. Man muss nicht arbeiten.
9. Abschnitt eines Arbeitstages in Betrieben. Die Arbeitnehmer arbeiten zu verschiedenen Zeiten.

1. | |E|I| |T| | | | |D|I|E|N| | |
2. |Ü| | |S|T|
3. |B|E| | | | | |L|A|U|
4. |D| | | |T|
5. | | |C|H| | |N|S|T|
6. |B| |R| | |S|C|H| | |
7. |U| | | |B| | | | |U|N|G|
   |Z|
8. |D|I| |N| |T| | | |
   |I|
9. |S|C| | | | |

Lösungswort: ....

7 Was passt: *wenn* oder *als*? Kreuzen Sie an.

119/3c

	Wenn	Als	
1.	[ ]	[ ]	wir nach Deutschland gekommen sind, haben wir einen Deutschkurs gemacht.
2.	[ ]	[ ]	ich nach dem Kurs mit dem Bus gefahren bin, habe ich neue Wörter wiederholt.
3.	[ ]	[ ]	mein Vater nicht zum Kurs gehen konnte, musste ich ihm alles erklären.
4.	[ ]	[ ]	meine Schwester nach dem Kurs das Praktikum in der Bäckerei gemacht hat, musste sie viele Fachwörter lernen.
			Der Sprachkurs ist nun schon seit 2 Monaten vorbei.
5.	[ ]	[ ]	ich eine Arbeit finde, lade ich alle Freunde aus dem Kurs zu einem Fest ein.

8 Passieren die Handlungen in den Teilsätzen gleichzeitig oder nicht gleichzeitig? Kreuzen Sie an.

	gleichzeitig	nicht gleichzeitig
1. Während sie arbeitet, denkt sie manchmal an ihre Kinder zu Hause.	[ ]	[ ]
2. Bevor sie die Medikamente austeilt, kontrolliert sie die Anweisung des Arztes.	[ ]	[ ]
3. Während sie Frau Müller beim Waschen hilft, spricht sie mit ihr.	[ ]	[ ]
4. Nachdem sie Frau Müller geholfen hat, geht sie zur nächsten Patientin.	[ ]	[ ]
5. Sie muss ihren Schreibtisch noch aufräumen, bevor sie Feierabend hat.	[ ]	[ ]
6. Nachdem sie die ganze Woche gearbeitet hat, hat sie am Wochenende frei.	[ ]	[ ]

9 Was machen Sie gleichzeitig? Erzählen Sie.

Mittag essen
Pause machen
dem Chef zuhören
meinen Arbeitsplatz aufräumen
mit dem Kollegen / der Kollegin sprechen
...

Musik hören
Zeitung lesen
Kaffee trinken
Sudoku spielen
nachdenken
den Urlaub planen
...

● Während ich Pause mache, spiele ich Sudoku.
○ ...

10 Probleme mit dem Computer? Ergänzen Sie *nachdem* oder *bevor*.

1. Man sollte eine fremde Datei auf Viren prüfen, ... man sie öffnet.
2. .... man einen Text geschrieben hat, sollte man ihn speichern.
3. .... man ein Programm heruntergeladen hat, kann man es installieren.
4. .... man eine Datei ausdrucken kann, muss man sie öffnen.
5. Man sollte den PC herunterfahren, ... man die Arbeit beendet hat.

D | Tätigkeiten am Arbeitsplatz dokumentieren

11 Formulieren Sie Sätze mit *dass*. Achten Sie auf die passende Zeitform.

↪ 120/2b

1. Frau Car klagt über starke Kopfschmerzen.
   Frau Szabo berichtet, dass *Frau Car über starke Kopfschmerzen geklagt hat.* ....

2. Der Schwindel kommt von dem Medikament Dovoden.
   Frau Szabo glaubt, dass ....

3. Frau Car bekommt Besuch von ihrer Tochter.
   Frau Car hat sich gefreut, dass ....

4. Die Tochter will sich mehr um ihre Mutter kümmern.
   Die Tochter hat versprochen, dass ....

5. Frau Car frühstückt am Tisch und isst viel.
   Frau Szabo erzählt, dass ....

12

—🔲 121/3c

ⵣⵣ

a Was erzählt die Erzieherin ihrem Mann von ihrem Arbeitstag? Was hat sie gemacht? **Formulieren Sie.**

Buch vorlesen

Würfelspiele spielen   Lieder singen

Erzieherin

Schuhe anziehen   Elternabend vorbereiten

Berichte schreiben

• Ich habe zwei Kindern ein Buch vorgelesen.

b Was schreibt die Erzieherin in ihren Arbeitsbericht? Notieren Sie in Kurzform.

zwei Kindern Buch vorgelesen,

ⵣⵣ **c** Was machen Sie in Ihrem Beruf an einem Arbeitstag? Sprechen Sie mit Ihrer Lernpartnerin / Ihrem Lernpartner und notieren Sie.

E | Im Gespräch Zeit gewinnen

13

—🔲 122/1c

ⵣⵣ

a Sie möchten, dass Ihr Gesprächspartner Sie nicht unterbricht. Lesen Sie sich die Ausdrücke gegenseitig vor. Lesen Sie mehrmals: freundlich / neutral / unfreundlich.

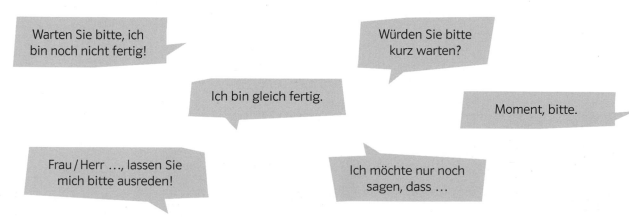

Warten Sie bitte, ich bin noch nicht fertig!

Würden Sie bitte kurz warten?

Ich bin gleich fertig.

Moment, bitte.

Frau / Herr …, lassen Sie mich bitte ausreden!

Ich möchte nur noch sagen, dass …

b Welche Sätze gefallen Ihnen am besten? Welche würden Sie benutzen? Diskutieren Sie.

Schlüsselwörter

1 Zu welcher Kategorie könnte der Text von einem Weblog gehören? Überfliegen Sie ihn und kreuzen
Sie an.

[ ] 1. Informationen rund um die Pflege
[ ] 2. Geschichten aus dem Pflegealltag

Pflegeblog
Home // Kategorien // Impressum

Desinfektion ↔ Sterilisation   10. Juli

Desinfektion: Unter Desinfektion versteht man Hygienemaßnahmen, die dazu dienen
Krankheitskeime zu reduzieren. Das Ziel ist dabei Keimarmut.
Durch **Desinfizieren** sollen Krankheitserreger abgetötet und die Übertragung verhindert
werden.

Sterilisation: Umfasst alle Maßnahmen, mit denen Keimfreiheit erreicht werden kann.
Beim **Sterilisieren** werden alle Keime entfernt, so dass keine Mikroorganismen mehr
vorhanden sind. **Steril** (= keimfrei) müssen Gegenstände und Substanzen sein, die mit dem
Körperinneren in Berührung kommen.

nach einem Weblog zum Thema Pflege

---

2 a Welches Wort kommt im Text oft vor? Markieren Sie das Wort und alle Verbindungen mit dem Wort.
Vergleichen Sie mit Ihrer Lernpartnerin / Ihrem Lernpartner. Notieren Sie.

Wort: .... Wie oft kommt es vor? ....

b Welche anderen Wörter (= Synonyme) finden Sie für das Wort im Text? Notieren Sie.

....

3 a Was ist der Unterschied zwischen *keimarm* und *keimfrei*? Diskutieren Sie.

b Was passt zusammen? Verbinden Sie.

Desinfektion	Krankheitserreger reduzieren	keimfrei machen
Sterilisation	alle Krankheitserreger entfernen	keimarm machen

4 a Verstehen Sie jetzt die wichtigsten Informationen aus dem Text?
Welche Wörter fehlen Ihnen noch? Fragen Sie Ihre Lernpartner
oder suchen Sie im Wörterbuch.

[ ] Ja.
[ ] Nein, mir fehlen noch folgende wichtige Wörter: ....

....

> Suchen Sie in Texten zuerst
> **Schlüsselwörter.** Sie sind
> zentral für das Textverständnis und
> kommen meistens mehrfach vor.
> Erschließen Sie sich die Bedeutung
> des Textes über die Schlüsselwörter.

b In welchen Berufen muss man keimarm oder keimfrei arbeiten? Tauschen Sie sich aus.

• In einer Küche muss man keimarm arbeiten.

Arbeitsbericht

1 Welche Partizipien sind hier versteckt? Markieren Sie und notieren Sie.

GEMESSENABGESETZTWEGGELASSENERNEUERTRENOVIERTERSETZTLACKIERTGE
STRICHENTAPEZIERTABGESCHLIFFENEINGEBAUTKONTROLLIERTAUSGETAUSCHT
GEHOLFENDURCHGEFÜHRTGEHALTENINSTALLIERTBETREUTAUFGERÄUMT

....
....
....

2 Was schreiben die Personen im Arbeitsbericht? Kombinieren Sie die Nomen mit Partizipien aus 1.

Fieber | Wände | Motor | Türrahmen | Medikament | Bremsflüssigkeit

Krankenpfleger/in: ....
Maler/in: ....
Automechaniker/in: ....

3 Was fehlt: -(e)t oder -en? Ergänzen Sie die passenden Buchstaben.

gewasch..........., angeschloss..........., verleg..........., aufgehäng..........., ausgetausch..........., informier...........,
geschnitt..........., erneuer..........., geseh..........., vorbereit..........., gehob...........

4 Was sollte man weglassen? Streichen Sie die unnötigen Informationen durch.
Formulieren Sie den Bericht kürzer, präziser und sachlicher.

Datum	Uhrzeit	Eintrag	Name
21.03.14	10.55	Herr Hausmann klagt ständig und sehr laut über Bauchschmerzen. Ich kann es nicht mehr hören ☺ Ich habe Blut abgenommen und mir eine Stuhlprobe geben lassen.	KT
21.03.14	11.20	Herr Hausmann ist aus dem Bett gefallen, weil er versucht hat, in seinen Rollstuhl zu kommen. Natürlich ist er dabei hingefallen. Als ich das gesehen habe, habe ich gleich was unternommen. Ich habe sofort Unterstützung geholt. Mit Frau Pu habe ich den Mann dann wieder ins Bett gehoben. Ist der schwer! Anschließend habe ich Frau Dr. Roth über den Vorfall informiert.	KT

Datum	Uhrzeit	Eintrag	Name
21.03.14	10.55	Herr Hausmann klagt	KT
21.03.14	11.20		KT

Arbeitsbericht

5 **Welches Partizip passt nicht? Streichen Sie durch.**

1. Medikamente   verteilt | ausgewertet | sortiert
2. Reklamation   verkauft | aufgenommen | weitergeleitet
3. Badewanne   aufgestellt | montiert | nachgefüllt
4. Rohr   verlegt | angeschlossen | betreut
5. Verband   gemessen | kontrolliert | gewechselt
6. Waren   eingeräumt | geprüft | installiert

6 **Welche Tätigkeiten aus 5 passen zu welchem Beruf? Ordnen Sie zu.**

Krankenpfleger/in	Installateur/in	Kaufmann/-frau

7 **Ordnen Sie die Formulierungen aus Arbeitsberichten und schreiben Sie.**

1. Frau Michelsen | bitte | Abendessen | ! | morgen | verweigert | im Auge | , | behalten | hat

   ....

2. Motor | klackernde | zu hören | kontrolliert | , | da | und Auspuff | bei Testfahrt | Geräusche | .

   ....

3. Schimmelproblem | mehrfach | , | Decke | behandelt | Bad | und | gestrichen | im | .

   ....

8 **Sehen Sie sich die Bilder an. Was hat die Auszubildende gemacht? Dokumentieren Sie ihren Arbeitstag im Berichtsheft. Ergänzen Sie mögliche Tätigkeiten für Dienstag.**

Einzelhandelskaufmann/-frau
Ausbildungsnachweis Nr. ....   Woche vom .... bis .... Ausbildungsjahr: 2

Tag	ausgeführte Arbeiten, Berufsschulunterricht, Unterweisungen usw.
Montag	

Lektion 10

1 Was haben Sie in dieser Lektion gelernt? Testen Sie Ihr Wissen. Was ist richtig?
Lesen Sie und kreuzen Sie an.

A | Sich krankmelden

1. Von wem bekommen Sie eine Arbeitsunfähigkeitsbescheinigung?
   a. [ ] vom Arzt
   b. [ ] vom Betriebsrat
   c. [ ] von Ihrem Vorgesetzten

2. Wann müssen Sie sich krankmelden? Am ersten Krankheitstag …
   a. [ ] im Laufe des Vormittags.
   b. [ ] vor Arbeitsbeginn.
   c. [ ] spätestens bis zum Arbeitsende.

3. Welche Krankmeldung ist unangemessen?
   a. [ ] Ich bin leider krank.
   b. [ ] Mein Mann liegt im Krankenhaus.
   c. [ ] Mein Papa kann heute nicht kommen.

4. Was gibt es nicht?
   a. [ ] Krankenhaus
   b. [ ] Krankenkasse
   c. [ ] Krankenbescheinigung

B | Absprachen im Team verstehen

5. Sie können die Vertretung für eine Kollegin übernehmen.
   a. [ ] Tut mir leid, da …
   b. [ ] Ich würde gerne, aber …
   c. [ ] Ich kann das gerne machen.

6. Die Spätschicht am Samstag wäre mir …
   a. [ ] mehr.
   b. [ ] gerner.
   c. [ ] lieber.

7. Ich musste schon letzte Woche länger … die anderen bleiben.
   a. [ ] wie
   b. [ ] ob
   c. [ ] als

8. Die Lösung ist am …
   a. [ ] gutesten.
   b. [ ] besten.
   c. [ ] bessersten.

C | Regelungen zur Arbeitszeit verstehen

9. Wenn Sie nachts im Krankenhaus arbeiten, haben Sie …
   a. [ ] Überstunden
   b. [ ] Nachtdienst
   c. [ ] Nachtarbeitszeit

10. Was bedeutet der Satz?
    Jedes 2. Wochenende soll dienstfrei sein.
    a. [ ] Sie arbeiten an 2 Wochenenden hintereinander.
    b. [ ] Sie arbeiten nur am Wochenende.
    c. [ ] Sie arbeiten am Wochenende, am nächsten haben Sie normalerweise frei.

11. … Maria nach Deutschland gekommen ist, konnte sie noch kein Deutsch.
    a. [ ] Als
    b. [ ] Wenn
    c. [ ] Wann

12. … Sie Ihren Urlaub planen, müssen Sie ihn beantragen.
    a. [ ] Nachdem
    b. [ ] Bevor
    c. [ ] Während

D | Tätigkeiten am Arbeitsplatz dokumentieren

13. Was steht in einem Pflegebericht?
    a. [ ] Wichtige Informationen über einen Patienten.
    b. [ ] Alles, was auf einer Station passiert ist.
    c. [ ] Alles, was ein Patient gesagt hat.

14. Sie sagt, … sie Kopfschmerzen hat.
    a. [ ] ob
    b. [ ] dass
    c. [ ] weil

15. Wie formulieren Sie in einem Bericht?
    a. [ ] Regale aufgefüllt
    b. [ ] Ich habe die Regale aufgefüllt.
    c. [ ] Ich fülle Regale auf.

16. In welchem Dokument müssen Sie keine Tätigkeiten beschreiben?
    a. [ ] Arbeitsbericht
    b. [ ] Urlaubsantrag
    c. [ ] Schichtbuch

E | Im Gespräch Zeit gewinnen

17. Ihr Gesprächspartner möchte Sie unterbrechen. Sie möchten das verhindern.
    a. [ ] Moment.
    b. [ ] Fertig.
    c. [ ] Ruhe.

18. Was bedeutet nicht dasselbe? Einen Moment.
    a. [ ] Einen Augenblick.
    b. [ ] Ich bin gleich fertig.
    c. [ ] Bitte.

19. Sie suchen im Gespräch nach einem Wort. Was passt nicht?
    a. [ ] Ähm.
    b. [ ] Wie sagt man gleich?
    c. [ ] Haben Sie ein Wörterbuch?

20. Was sagen Deutsche sehr oft während einer Denkpause?
    a. [ ] äh
    b. [ ] hoppala
    c. [ ] jaja

---

2 Vergleichen Sie mit der Lösung auf S. 134. Für jede richtige Lösung gibt es einen Punkt. Wie viele Punkte haben Sie?

Ich habe .... von 20 Punkten.

20 – 16 Punkte	15 – 11 Punkte	10 – 0 Punkte
☺ Prima! Gut gemacht!	☺ Ganz okay. Weiter so!	☹ Noch nicht so gut! Wiederholen Sie noch mal.

---

3 Was können Sie noch nicht so gut? Ist das für Ihre Arbeit wichtig? Was möchten Sie üben? Notieren Sie.

....

....

....

....

11 | Geld im Arbeitsleben

Porträt: Semire Yüksel

1

127/3

Welches Wort passt? Ergänzen Sie.

Minijob | Helfer | Nebentätigkeit | Aushilfe

1. Frau Yüksel gibt neben ihrer Arbeit im Kindergarten Klavierunterricht. Sie ist Musiklehrerin und für diese .... qualifiziert.
2. Herr Karadimas arbeitet in einem Seniorenheim. Sein erlernter Beruf Krankenpfleger ist noch nicht anerkannt. Deshalb kann er nur als .... arbeiten und verdient weniger.
3. Herr Wondracek arbeitet bei Kunzmann & Co. als Fahrer, wenn die Firma sehr viel Arbeit hat. Er sagt, als .... muss er immer flexibel, aber auch zuverlässig sein.
4. Frau Singh hat ein Baby und arbeitet stundenweise als Sekretärin. Bei diesem .... verdient sie nicht mehr als 450 € im Monat.

2

a Sie recherchieren im Internet. Was finden Sie unter diesen Stichworten? Kreuzen Sie an.

Häufige Fragen

FAQ

Frequently asked questions

[ ] 1. Einen Fragebogen zur Internetseite, den Sie ausfüllen sollen.
[ ] 2. Eine Liste mit wichtigen Fragen und Antworten zum Thema der Internetseite.
[ ] 3. Ein Fenster, in das Sie Ihre Fragen zur Internetseite eintragen können.

b Gehen Sie auf www.minijob-zentrale.de → Häufige Fragen. Was finden Sie dort?

c Welche Fragen haben Sie zum Thema Minijobs? Finden Sie passende Antworten auf der Seite? Recherchieren Sie und diskutieren Sie Ihre Ergebnisse.

> Internetseiten zu bestimmten Themen haben oft eine **Rubrik mit häufigen Fragen.** Wenn Sie sich schnell informieren möchten, beginnen Sie dort. Die Antworten sind oft knapp und verständlich formuliert.

A | Über Gehaltsvorstellungen sprechen

3

128/3d

a Ordnen Sie und schreiben Sie Sätze mit *weil* und *denn*.

1. sie | weil | Baby | kleines | hat | ein

   Frau Uljanov arbeitet nur stundenweise in der Apotheke, ...

2. die | kann | sein | Weil | Apothekerin | nicht immer | anwesend

   ...., braucht sie eine Aushilfe.

3. hat | Wochenende | jedes | geöffnet | vierte | die | Apotheke | denn

   Frau Uljanov arbeitet auch samstags, ...

   ....

4. die | Weil | ist | Straße | gesperrt

   ...., werden die Medikamente später geliefert.

5. sie | einmal | Monat | im | gemeinsam | gehen | denn | aus

   Frau Uljanov kennt ihre Kolleginnen gut, ...

   ....

b Formulieren Sie die Sätze aus 3 a mit *deshalb*.

1. *Frau Uljanov hat ein kleines Baby, deshalb* ....

2. ....

3. ....

4. ....

5. ....

4

129/4

a Welche Erklärung passt? Ordnen Sie zu.

1. die Gehaltsverhandlung	a. Man lernt die Abläufe an einer neuen Arbeitsstelle kennen.
2. die Gehaltserhöhung	b. Man ist mit dem zufrieden, was man hat.
3. sich einarbeiten	c. Diskussion mit dem Arbeitgeber über Geld, das man verdient.
4. sich integrieren	d. Man wird Teil von einer Gruppe / einem Team.
5. fordernd	e. Eine Entscheidung verstehen.
6. bescheiden	f. Etwas Richtiges sagen.
7. Recht haben	g. Man will etwas haben und sagt das direkt.
8. nachvollziehen	h. Man bekommt mehr Geld für die Arbeit.

b Schreiben Sie mit den Wörtern aus 4 a Sätze.

Ich finde Gehaltsverhandlungen schwierig. ....

....

....

....

....

....

....

→ 129/5c

a Ordnen Sie die Sätze und schreiben Sie einen Dialog.

Danke, Herr Moser. | Gut, dann möchte ich fragen, ob vielleicht eine Gehaltserhöhung möglich wäre? |
~~Was gibt's Herr Casa?~~ | Ja, natürlich Herr Casa, das ist richtig. | Nein, da haben Sie Recht.
Sie haben sich wirklich gut eingearbeitet. Sie bekommen 2 € mehr pro Stunde. | Na ja, mein Gehalt liegt
deutlich unter dem meiner Kollegen und ich leiste die gleiche Arbeit. Oder sehen Sie das anders? |
Den Wunsch kann ich nachvollziehen, aber die Wirtschaftslage … | Herr Moser, ich bin nun
schon zwei Jahre in der Firma und Sie sind mit meiner Arbeit zufrieden. Das ist doch richtig?

1. ● *Was gibt's Herr Casa?*
2. ○
3. ●
4. ○
5. ●
6. ○
7. ○
8. ○

b Variieren Sie den Dialog und sprechen Sie mit Ihrer Lernpartnerin / Ihrem Lernpartner.

Tipps für Gehaltsverhandlungen

Sagen Sie möglichst oft *Sie* statt *ich* und nutzen
Sie nicht zu oft den Konjunktiv (*könnte, würde*).
Nennen Sie nicht zu schnell Zahlen.
Überlegen Sie sich Ihre Argumente gut, bringen
Sie das beste zum Schluss.
Wenn sie keinen Erfolg haben, sagen Sie: „Ich
freue mich auf ein Gespräch in einem halben Jahr."

B | Eine Gehaltsabrechnung verstehen

→ 131/2c

a Welche Wörter zum Thema Gehaltsabrechnung sind hier versteckt? Notieren Sie.

1. verungsoSizialcher
2. gevschiereungPfler
3. Foszukahrtenschtuss
4. zuteilsLungsage
5. lizabagaSoben

6. züAbge
7. ifarT
8. cheKirstuneer
9. hoLstuneer
10. zeBeüg

b Welche Wörter passen zu Plus bzw. Minus auf der Gehaltsabrechnung? Ordnen Sie zu.

Plus (+):

Minus (–):

C | Informationen zum deutschen Steuersystem verstehen

→ 132/1b
▶ 44

7 Ergänzen Sie die Wörter und hören Sie das Gespräch aus dem Kursbuch zur Kontrolle.

● Guten Tag. Mein Mann und ich haben uns g......................... . Ich wollte daher fragen,
ob ich bei Ihnen meine L......................... ändern lassen kann.
Ich brauche ja jetzt die 2, oder?

○ Ist Ihr Mann denn ausgezogen? Wenn Sie noch zusammenl................... , geht die 2 nicht.

● Ja, er ist ausgezogen.

○ Gut. Und Sie wohnen auch mit keinem anderen E......................... zusammen?

● Ich lebe nur mit meinen beiden Kindern zusammen. Der Große ist erwachsen,
macht aber gerade eine A......................... .

○ Bekommen Sie für die Kinder K......................... ?

● Ja, für beide. Der Kleine ist noch in der Schule.

○ In Ordnung. Dann ist tatsächlich die 2 die richtige für Sie. Wenn Sie mir die
Kindergeld......................... schicken, dann kann ich
Ihre Steuerklasse ändern.

● Ja, das mache ich. Danke schön.

○ Wie ist denn Ihre aktuelle Steue......................... ? Dann mach ich mir schon mal eine Notiz.

● Also das ist die 145, Schräg......................... , 62 ...

→ 132/2b

8 Ergänzen Sie die Sätze mit *wenn*. Achten Sie auf Bedingung und Konsequenz.

 → Kündigung

Meine Firma muss schließen. → Ich werde arbeitslos.
1. Wenn meine Firma schließen muss, (dann) ....

 → Anzeigen Stellenmarkt

Ich bin arbeitslos. → Ich muss Arbeit suchen.
2. Wenn ich .... , (dann) muss ....

Anzeigen Stellenmarkt →

Ich suche Arbeit. → Ich sollte Bewerbungen schreiben.
3. Wenn ....

9 a **Was ist die Bedingung, was die Konsequenz? Lesen Sie die Sätze und kreuzen Sie an.**

132/3b

		Bedingung	Konsequenz
1. a.	Frau Yüksel möchte im Kindergarten mehr verdienen.	[ ]	[ ]
b.	Sie muss mit ihrer Chefin Frau Arda sprechen.	[ ]	[ ]
2. a.	Frau Arda fragt die Eltern in der Mitgliederversammlung.	[ ]	[ ]
b.	Frau Arda kann Frau Yüksel vielleicht besser bezahlen.	[ ]	[ ]
3. a.	Die pädagogische Qualifikation von Frau Yüksel wird anerkannt.	[ ]	[ ]
b.	Der Kindergarten muss Frau Yüksel besser bezahlen.	[ ]	[ ]
4. a.	Frau Yüksel muss für den Klavierunterricht keine Steuern bezahlen.	[ ]	[ ]
b.	Sie verdient mit dem Klavierunterricht nicht mehr als 2400 € im Jahr.	[ ]	[ ]
5. a.	Frau Yüksel schreibt Rechnungen.	[ ]	[ ]
b.	Sie bekommt Geld für ihren Klavierunterricht.	[ ]	[ ]

b **Verbinden Sie die Sätze mit *wenn*.**

1. ....
....

2. ....
....

3. ....
....

4. ....
....

5. ....
....

10 **Ergänzen Sie die Sätze.**

1. Wenn ich vor einem Vorstellungsgespräch nervös bin, ...
....

2. Ich fühle mich bei der Arbeit wohl, wenn ....
....

3. Wenn man mir einen Nebenjob anbietet, ...
....

4. Mein/e Partner/in arbeitet gern, wenn ....
....

5. Ich bin glücklich, wenn ....
....

Partizip Präsens als Adjektiv

1   Unter welcher Überschrift finden Sie im Text positive Tätigkeiten? Überfliegen Sie ihn und kreuzen Sie an.

[ ] 1.   Hemmendes Kommunikationsverhalten
[ ] 2.   Förderndes Kommunikationsverhalten

Sprachförderndes Verhalten in Kindertagesstätten
Beispiele für hemmende und fördernde Faktoren in der Kommunikation

Hemmendes Kommunikationsverhalten:	Förderndes Kommunikationsverhalten:
· unfreundlich schauen · sich im Gespräch vom Kind abwenden · unfreundlicher, lauter oder drängender Ton · ungeduldig und mit wenigen Worten reagieren · das Gespräch unterbrechen oder plötzlich beenden · viel kritisieren · Desinteresse zeigen und unaufmerks am sein · drohender Gesichtsausdruck · das Verhalten des Kindes negativ bewerten	· im Gespräch Blickkontakt suchen · freundlich sprechen · interessiert nachfragen · das Kind anlächeln · bestärkende und anerkennende Reaktionen auf Äußerungen des Kindes · aufmerksam zuhören · zusammenfassende Äußerungen · ermutigender Umgangston

nach Unterlagen zu einer Fortbildung für Erzieher / -innen

2   **a   Was steht im Text? Ergänzen Sie.**

1.   Die Reaktionen bestärken die Äußerungen. = ... Reaktionen auf Äußerungen
2.   Der Umgangston ermutigt das Kind. = ... Umgangston

b   Welche Verben kommen in beiden Formulierungen vor? Wie heißt der Infinitiv, wie das Partizip Präsens? Ergänzen Sie.

1.   Infinitiv: .... Partizip Präsens: .... (Infinitiv + -d)
2.   Infinitiv: .... Partizip Präsens: .... (Infinitiv + -d)

3   **a   Zu welchen Verben finden Sie das Partizip Präsens im Text? Markieren Sie.**

kritisieren | drohen | bewerten | anerkennen | zuhören | zusammenfassen

**b   Bilden Sie zu allen Verben aus 3 a das Partizip Präsens.
Welche Nomen könnten dazu passen? Sammeln Sie Beispiele.**

kritisierende Eltern, zuhörende Erzieherinnen ...

4   Wählen Sie eine Seite der Übersicht in 1 aus. Klären Sie die Bedeutungen.
Was halten Sie von den Verhaltensweisen? Welche kennen Sie von sich selbst?
Tauschen Sie sich aus.

> **Partizip Präsens:** Infinitiv + -d
> Partizip Präsens als Adjektiv vor Nomen:
> Infinitiv + -d + Adjektivendung

> Das Partizip Präsens steht oft als Adjektiv vor Nomen. Die Bedeutung ist aktiv. Erschließen Sie sich die Bedeutung über das Verb.
> Beispiel: ein lernendes Kind
> = ein Kind lernt

Rechnung

1 **Bilden Sie aus den Silben Wörter.**

Be | Kon | trag | schrei | preis | Rech | bung | An | to | Be | zahl | Ge | samt | nung

....

....

2 **Was fehlt? Ergänzen Sie die passenden Buchstaben.**

1. ei oder ie

   Klav..........runterricht, ...nzelpr..........s, Beschr..........bung, überw..........sen, m..........n, l..........gt

2. nn oder n, rr oder r, mm oder m, tt oder t

   Unte..........icht, i..........erhalb, bi..........e, Steuernu..........er, Ko..........to, A..........zahl, Ba..........kverbindung

3 **Welche Wörter schreibt man groß? Trennen Sie die Wörter und schreiben Sie Sätze.**

1. fürdiefolgendenleistungenerlaubeichmirihnenzuberechnen

   ....

2. bitteüberweisensiedenbetraginnerhalbvon2wochenaufmeinkonto.

   ....

3. esliegtkeineumsatzsteuerpflichtvor.

   ....

4 **Korrigieren Sie die Rechnung und schreiben Sie sie neu. Welche wichtigen Informationen fehlen? Ergänzen Sie.**

RECHNUNG

Frau Britta Bärenholz
Ballhofstr. 27
30159 Hannover

Marianna Kehlmann | Ludwigstr. 1 | 30161 Hannover

Rechnung Nr. 02/14

Sehr geehrte Frau Bärenholz,   13. April 2014
Bitte überweisen Sie den Betrag innerhalb von 2 Wochen auf mein Konto.

Gesamtbetrag: 395,00 €

Position	Beschreibung	Anzahl	Gesamtpreis	Einzelpreis
1	Manuelle Therapie	5	25 €/45 Min.	145,00 €
2	Pilates	5	30 €/45 Min.	250,00 €

für die ausgeführten Leistungen erlaube ich mir Ihnen zu berechnen:

Rechnung

5 **Was passt zusammen? Bilden Sie zusammengesetzte Nomen.**

Zwischen- | Gesamt- | Bank- | Steuer- | -steuer | -bedingungen | -verbindung |
Einzel- | Umsatz- | Lieferungs- | Kunden-   -nummer | -preis | -summe |
     -datum | -betrag

....

....

6 **Was passt zusammen? Verbinden Sie.**

1. Ölwechsel	erneuert
2. Seitenscheibe	ausgetauscht
3. Klimaanlage	überprüft
4. Motor	durchgeführt
5. Katalysator	ersetzt

7 **Wie kann man die Arbeiten aus 6 auf einer Rechnung beschreiben? Ergänzen Sie.**

Position	Beschreibung
	Austauschen des Motors

8 **Schreiben Sie mit den Informationen aus dem Arbeitsbericht und den Preisen eine Rechnung des Malerbetriebs an Herrn Lenski.**

ARBEITSBERICHT

Malerbetrieb Mebter, Stauffenbergstr. 1, 80787 München
Tel. 089 453299, E-Mail: mebter@yandex.de
Steuernummer 146/167/3453

Auftrag:	Renovierung Wohnung	**Auftrag Nr.:**	4783
Auftraggeber/ Kunde:	Manfred Lenski Ahornstraße 8 80667 München	**Einsatzort:**	Kurfürstenstr. 33 (Wohnung 2 im 2. Obergeschoss)
Name:	May, Malergeselle	**Termin:**	Di 4.4., 8.00–15.00

Ausgeführte Leistungen:
6 Fenster innenseitig geschliffen und lackiert
3 Türen beidseitig geschliffen und lackiert

PREISLISTE

Malerbetrieb Mebter, Stauffenbergstr. 1, 80787 München

Arbeitszeit Geselle	43,00 € / Stunde
Materialpauschale Fenster/Türen schleifen, vorlackieren und weiß seidenmatt lackieren	150,00 € / Fenster oder Tür

TEST

Lektion 11

1 Was haben Sie in dieser Lektion gelernt? Testen Sie Ihr Wissen. Was ist richtig?
Lesen Sie und kreuzen Sie an.

A | Über Gehaltsvorstellungen sprechen

1. Welches Argument ist in Gehaltsverhandlungen unpassend?
   a. [ ] Ich habe viel Berufserfahrung gesammelt.
   b. [ ] Ich helfe immer aus, wenn es nötig ist.
   c. [ ] Meine Tochter ist auf einer Privatschule.

2. Sie äußern einen Wunsch. Was passt nicht?
   a. [ ] Sie müssen doch sehen, dass …
   b. [ ] Ich hätte gern …
   c. [ ] Vielleicht wäre es möglich, dass …

3. Ich kann die Arbeit gut machen, … ich eine Ausbildung in dem Bereich habe.
   a. [ ] denn
   b. [ ] dass
   c. [ ] weil

4. Was passt?
   Mein Deutsch ist schon viel besser. Deswegen …
   a. [ ] möchte ich mehr verdienen.
   b. [ ] ich möchte mehr verdienen.
   c. [ ] ich mehr verdienen möchte.

B | Eine Gehaltsabrechnung verstehen

5. Was ist keine Zusatzleistung des Arbeitgebers?
   a. [ ] Fahrtkostenzuschuss
   b. [ ] Solidaritätszuschlag
   c. [ ] Leistungszulage

6. Was ergibt *Bezüge minus Abzüge*?
   a. [ ] Tarifgehalt
   b. [ ] Netto
   c. [ ] Gesamtbrutto

7. Was gehört nicht zu den Abzügen?
   a. [ ] Steuern
   b. [ ] Versicherungen
   c. [ ] Fahrtkosten

8. Arbeitnehmer zahlen … für die Sozialversicherungen.
   a. [ ] Beiträge
   b. [ ] Zuschüsse
   c. [ ] Kosten

C | Informationen zum deutschen Steuersystem verstehen

9. Wie viele Steuerklassen gibt es in Deutschland?
   a. [ ] 3
   b. [ ] 6
   c. [ ] 9

10. Welche Antwort passt?
    Wohnen Sie mit Ihrem Lebenspartner zusammen?
    a. [ ] Nein, ich bin Alleinerziehende.
    b. [ ] Nein, ich bin verheiratet.
    c. [ ] Nein, mein Partner verdient mehr.

11. Welcher Satz ist richtig?
    Frau Wen muss ihre Steuerklasse ändern, wenn …
    a. [ ] heiratet sie wieder.
    b. [ ] sie heiratet wieder.
    c. [ ] sie wieder heiratet.

12. … Sie ledig sind, haben Sie die Steuerklasse 1.
    a. [ ] Wann
    b. [ ] Als
    c. [ ] Wenn

D | Eine Rechnung schreiben

13. Sie schreiben eine Rechnung. Wo steht Ihre Adresse?
    a. [ ] ganz oben
    b. [ ] unter der Adresse des Kunden
    c. [ ] ganz unten

14. Was muss nicht auf einer Rechnung stehen?
    a. [ ] Rechnungsnummer
    b. [ ] Steuernummer
    c. [ ] Kreditkartennummer

15. Für die Reparatur Ihrer Heizung … ich mir zu berechnen:
    a. [ ] bitte
    b. [ ] lasse
    c. [ ] erlaube

16. Damit Ihr Kunde das Geld überweisen kann, braucht er Ihre …
    a. [ ] Bankverbindung.
    b. [ ] Adresse.
    c. [ ] Beschreibung.

E | Nonverbal kommunizieren

17. Nonverbale Kommunikation ist …
    a. [ ] auf der ganzen Welt gleich.
    b. [ ] in allen Ländern Europas gleich.
    c. [ ] von Land zu Land verschieden.

18. Was bedeutet *verschiedene Gesichtsausdrücke*?
    a. [ ] Gestik
    b. [ ] Mimik
    c. [ ] Panik

19. Wenn man in Deutschland überrascht ist, …
    a. [ ] schließt man die Augen.
    b. [ ] macht man die Augen weit auf.
    c. [ ] zieht man die Schultern nach oben.

20. Daumen nach oben bedeutet in Deutschland …
    a. [ ] Das finde ich in Ordnung.
    b. [ ] Das finde ich nicht gut.
    c. [ ] Das kommt überraschend.

2 Vergleichen Sie mit der Lösung auf S. 135. Für jede richtige Lösung gibt es einen Punkt.
Wie viele Punkte haben Sie?

Ich habe .... von 20 Punkten.

20–16 Punkte	15–11 Punkte	10–0 Punkte
☺ Prima! Gut gemacht!	☺ Ganz okay. Weiter so!	☹ Noch nicht so gut! Wiederholen Sie noch mal.

3 Was können Sie noch nicht so gut? Ist das für Ihre Arbeit wichtig? Was möchten Sie üben?
Notieren Sie.

....

....

....

....

12 | Der Kunde ist König

Porträt: Janek Kowalczyk

1

139/1

Welches Wort passt? Ergänzen Sie.

angestellt | machen | selbstständig | Auftrag | arbeitslos | beschäftigt

1. Herr Kowalczyk hat eine eigene Firma. Er ist ....
2. Er wollte eine Firma gründen. Er wollte sich selbstständig ....
3. Zuvor hatte er keine Arbeit, er war ....
4. Herr Gravic arbeitet bei der Firma Kowalczyk. Er ist dort ....
5. In der Firma arbeiten Herr Kowalczyk und 4 andere Personen. Er .... 4 Mitarbeiter.
6. Der Firma geht es finanziell gut. Sie hat einen großen .... erhalten.

2

139/2b

An welchem Tag bekommen Sie Antworten auf die Fragen? Lesen Sie das Seminarprogramm und ergänzen Sie.

1. Welche finanziellen Hilfen kann man bekommen?   Tag: ....
2. Wie kann man die Firma anmelden?   Tag: ....
3. Wie findet man Kunden?   Tag: ....
4. Welche Versicherungen braucht man?   Tag: ....
5. Wie muss man die Buchführung machen?   Tag: ....

Ich mache mich selbstständig!
Seminar für Existenzgründer/-innen mit Migrationshintergrund

3 TAGE
16.05. – 18.05.
jeweils
9.00 – 18.00 Uhr

PROGRAMM

1. Tag: Grundlagen
· Schritt für Schritt in die Selbstständigkeit
· Unternehmensformen
· Gewerbeanmeldung, Anmeldung für Freiberufler
· Steuern und Buchführung

2. Tag: Von der Idee zum Konzept
· Marktanalyse, Zielgruppen, Marketing
· Standortanalyse
· Finanzierung, Investitionsplanung
· Preisgestaltung
· Businessplan

3. Tag: Fördermöglichkeiten, Versicherungen
· Öffentliche Fördermittel, Einstiegsgeld, Gründungszuschuss
· Private und betriebliche Absicherung

A | Nachrichten von Kunden verstehen

3

→ 140/2

a Zu welchem Arbeitsplatz passen die Nachrichten? Ordnen Sie zu.

[ ] Supermarkt   [ ] Fleischerei   [ ] Fitnessstudio
[ ] Arztpraxis   [ ] Hotel

Sehr geehrter Herr Dr. Kramer,

wann sind endlich meine Blutwerte da?
Ich warte schon 3 Tage!

Grüße

A. Spitz

1

IHRE MEINUNG IST UNS WICHTIG!

Furchtbar! Die Einkaufskörbe hier
sind immer so schmutzig!
R. Kaufinger

2

An das Reinigungspersonal:
Vielen Dank für die perfekte
Sauberkeit im Zimmer. Hier ein
kleines Dankeschön für Sie!

Herr und Frau Krasniqi

3

Hallo Peter,
ich hole meine bestellten
Grillwürste morgen doch
später ab, komme erst gegen
14 Uhr. Ich hoffe, das ist in
Ordnung.
LG Max

4

5

Liebes Trainerteam,

ich habe letzte Woche meine blauen
Turnschuhe, Gr. 41, vergessen. Haben
Sie sie vielleicht gefunden? Bitte um
Rückruf unter 92567812.

Vielen Dank und herzliche Grüße

Alexander Wojcek

b Was möchten die Kunden erreichen? Ordnen Sie zu.

[ ] a. Sie möchten, dass sich die Mitarbeiter/innen freuen.
[ ] b. Er möchte, dass sich die Mitarbeiter/innen um sein Problem kümmern.
[ ] c. Er / Sie möchte, dass sich die Situation verbessert.
[ ] d. Er / Sie möchte jemanden informieren.
[ ] e. Er / Sie möchte, dass er / sie schneller bedient wird.

c Wie sollte man auf die Nachrichten aus 3 a reagieren? Warum?
Ordnen Sie zu und diskutieren Sie.

1. Man muss nicht antworten.   Nachricht: ....   Warum?
2. Man kann nicht antworten.   Nachricht: ....   Warum?
3. Man sollte / muss antworten.   Nachricht: ....   Wie? (Mail, Brief, …)

B | Eine Beschwerde am Telefon entgegennehmen

4

141/2a

Was passt? Ergänzen Sie Redemittel aus dem Kursbuch.

- Autowerkstatt Mansuri, guten Morgen!
- Lessing hier, guten Tag! Ich habe gestern meinen Wagen abgeholt und jetzt blinkt schon wieder die Warnleuchte!
- Oh, _____ (1). Können Sie denn erkennen, was das Problem ist?
- Ja, es ist wieder die Handbremse.
- Wirklich? Da kann _____ (2).
- Ich bringe Ihnen heute meinen Wagen noch einmal.
- Natürlich. Das _____ (3).
- Ich brauche ihn dann spätestens am Mittwochmorgen wieder.
- Keine Sorge, _____ (4).
- Das will ich hoffen. Ich bringe ihn also heute gegen 18.00 Uhr.
- Ja, _____ (5), Herr Lessing.
- Auf Wiederhören!

5

141/3

Wie können Sie auf Beschwerden am Telefon reagieren? Diskutieren Sie und kreuzen Sie an.

	möglich	unmöglich
1. Ich verstehe Sie gut. Was können wir denn jetzt für Sie tun?	[ ]	[ ]
2. Jetzt aber langsam! Können Sie auch netter mit mir reden?	[ ]	[ ]
3. Wir können das Problem schnell lösen. Keine Sorge!	[ ]	[ ]
4. Es tut mir leid, aber daran sind Sie selbst schuld.	[ ]	[ ]
5. Rufen Sie später nochmal an, wenn Sie sich beruhigt haben!	[ ]	[ ]
6. Sie haben Recht. Das war bestimmt unser Fehler.	[ ]	[ ]
7. Danke für den Hinweis. Wir werden die Störung schnell beheben.	[ ]	[ ]
8. Sie sind aber ein Brüllaffe!	[ ]	[ ]

C | Eine schriftliche Reklamation beantworten

6

142/2b

a Was passt nicht? Streichen Sie durch.

1. Reklamation | Beschwerde | Glückwunsch
2. Versand | Angebot | Lieferung
3. Missgeschick | Fehler | Bestellung
4. zurückgeben | abgeben | zurücksenden
5. Auftrag | Bestellung | Aufgabe

b Ergänzen Sie mit Wörtern aus 6a.

Bei uns ist eine _____ (1) wegen einer falschen _____ (2) eingegangen. Der Kunde möchte die _____ (3) stornieren und die Ware _____ (4). Es war unser _____ (5). Was kann ich dem Kunden anbieten?

7 Welche Ergänzung passt? Kreuzen Sie an.

143/3b

1. Frau Etxeberria wartet auf   [ ] die neue Kamera.   [ ] der neuen Kamera.
2. Herr Lefort entschuldigt sich für   [ ] der falschen Lieferung.   [ ] die falsche Lieferung.
3. Er kümmert sich persönlich um   [ ] dem Versand.   [ ] den Versand.
4. Frau Etxeberria ärgert sich über   [ ] die Wartezeiten.   [ ] der Wartezeiten.
5. Bei Bestellungen kommt es manchmal zu   [ ] Fehler.   [ ] Fehlern.
6. Herr Lefort bedankt sich für   [ ] das Verständnis.   [ ] dem Verständnis.

8 Bilden Sie Fragen mit den Verben mit Präposition. Ihre Lernpartnerin / Ihr Lernpartner beantwortet sie.

sich beschweren	nach	Reparatur
warten	um	Zusendung
achten	auf	Antwort
sprechen	an	Kundenservice
sich bedanken	bei	Sauberkeit
fragen	mit	Personalbüro
sich informieren	für	Kollege / Kollegin
sich kümmern	über	Preis
hoffen		Rabatt
		Zusage

- ● Wofür haben Sie sich entschieden?
- ○ Ich habe mich für die Reparatur entschieden.

D | Ein Beratungsgespräch führen

9 Wo finden die Kunden was? Ergänzen Sie den bestimmten Artikel in der passenden Form.

145/4d

Situation 1:

- ● Entschuldigung, ich suche eine Maus für den Computer. Wo finde ich sie?
- ○ Mäuse finden Sie vor .... (1) Infostand, auf .... (2) linken Seite, neben .... (3) Tastaturen unter .... (4) Werbung mit .... (5) aktuellen Angeboten.

Situation 2:

- ● Entschuldigung, ich suche eine Gesichtscreme von Beenatural.
- ○ Gesichtscremes finden Sie bei .... (6) Hautpflegeprodukten auf .... (7) rechten Seite oben, unter .... (8) Schild „Hautpflege" über .... (9) Körperlotionen.

10 Ergänzen Sie die passenden Formen der Artikel im Dativ.

1. **mit**	ein......... Vorschlag unser......... Vorschlag mein......... Vorschlag	3. **aus**	ein......... Angebot unser......... Angebot Ihr......... Angebot	5. **bei**	unser......... Renovierung Ihr......... Renovierung ein......... Renovierung
2. **von**	ein......... Rat mein......... Rat ihr......... Rat	4. **zu**	sein......... Problem kein......... Problem unser......... Problem	6. **an**	Ihr......... Stelle dein......... Stelle kein......... Stelle

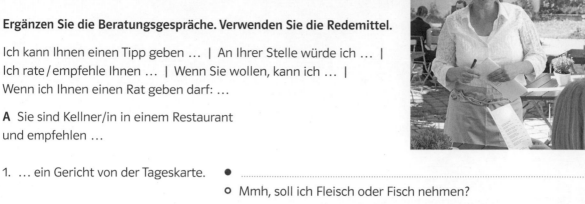

11 Ergänzen Sie die Beratungsgespräche. Verwenden Sie die Redemittel.

145/5b

Ich kann Ihnen einen Tipp geben … | An Ihrer Stelle würde ich … |
Ich rate / empfehle Ihnen … | Wenn Sie wollen, kann ich … |
Wenn ich Ihnen einen Rat geben darf: …

A Sie sind Kellner/in in einem Restaurant
und empfehlen …

1. … ein Gericht von der Tageskarte.　● ....

　　　　　　　　　　　　　　　　○ Mmh, soll ich Fleisch oder Fisch nehmen?

2. … das Fischgericht.　●　..

　　　　　　　　　　　　　　○ Dann nehme ich das Fischgericht, aber bitte keinen Reis.

3. … eine andere Beilage.　●　..

　　　　　　　　　　　　　　○ Oh, ich kann leider keine Kartoffeln essen

4. … eine andere Beilage.　●　..

B Sie arbeiten in einem Elektrogeschäft. Eine Kundin sucht
eine Waschmaschine. Sie empfehlen …

1. … die teuerste Waschmaschine.　●　..

　　　　　　　　　　　　　　　　○ Ich möchte nicht so viel Geld ausgeben.

2. … eine günstigere.　●　..

　　　　　　　　　　　　○ Ich brauche aber eine große Waschmaschine.

3. … eine für 8 Kilo Wäsche.　●　..

　　　　　　　　　　　　　　○ Haben Sie auch eine in Grau?

4. … eine weiße.　●　..

　　　　　　　○ Ja, die finde ich gut.

E | Höflich sprechen

12 Sie werden immer freundlicher. Formulieren Sie die Sätze immer höflicher.

146/3b

1. ☹ Schreiben Sie hier Ihre Adresse auf!
　😐 ....
　☺ ....

2. ☹ Räum dein Werkzeug auf!
　😐 ....
　☺ ....

3. ☹ Fahrt morgen direkt zum Kunden!
　😐 ....
　☺ ....

Nominalisierungen

1 Wer könnten die Kunden der Firma sein? Überfliegen Sie den Text und kreuzen Sie an.

[ ] 1. Hausbesitzer   [ ] 2. Architekten   [ ] 3. Reinigungskräfte

HM-Hausmeisterdienst
Kleinreparatur, Serviceleistung & Gebäudereinigung

Home
Unternehmen
Leistungen
Kontakt
Neu

Leistungsverzeichnis
Hier erhalten Sie einen Überblick über den Leistungsumfang
unseres Hausmeisterdienstes.

Allgemeine Aufgaben
· Überwachung und Einhaltung der Ordnung und des
  einwandfreien Gesamtzustandes des Anwesens, soweit es den
  Gemeinschaftsbereich betrifft.
· Feststellen und Meldung von Schäden und Reklamationen an
  die Hausverwaltung.
· Beaufsichtigung der Wasch- und Trockenautomaten.
· Ausgabe und Entleeren der Münzautomaten der Wasch- und
  Trockengeräte.

Teilservice Innenreinigung
· Kehren und feuchtes Wischen der Bodenbeläge.
· Staubsaugen der Teppichböden und Läufer.

Teilservice Winterdienst
· Räumung des Schnees nach gültigen Bestimmungen der
  Gemeindereinigungssatzung.
· Streuen der Verkehrsflächen mit Salz oder abstumpfenden
  Mitteln zur Vermeidung von Schnee- und Eisglätte.

nach: Internetseite eines Hausmeisterdienstes

2 Was macht der Hausmeisterdienst? Ergänzen Sie passende Verben.

1. Überwachung der Ordnung: die Ordnung überwachen
2. Meldung von Schäden: Schäden
3. Ausgabe der Münzautomaten: die Münzautomaten
4. Staubsaugen der Teppichböden: die Teppichböden

3 Analysieren Sie die im Text markierten Stellen.
Um welche Tätigkeiten geht es? Diskutieren Sie.

Achten Sie in Fachtexten auf **Nomen, die
Tätigkeiten beschreiben.** Erschließen Sie
sich die Bedeutung über passende Verben. Die
Nomen kommen oft als substantivierter Infinitiv
(das Staubsaugen) und mit den Endungen -ung
(die Meldung) und -e (die Ausgabe) vor.

4 Welche Tätigkeiten müssen Sie in Ihrem Haus erledigen?
Was machen Sie gern, was würden Sie gern an
einen Hausmeisterdienst abgeben? Tauschen Sie sich aus.

Antwort auf eine Reklamation

1 **Was fehlt: -sch oder -ch? Ergänzen Sie die passenden Buchstaben.**

ent..........uldigen, persönli..........,..........icken, re..........tfertigen, Missge..........ick, fal..........., verspre..........en

2 **Ergänzen Sie.**

1. Sehr .... Herr Forster
2. Für die falsche Lieferung .... ich mich bei Ihnen ....
3. Dass Sie das falsche Produkt bekommen haben, ... vermutlich unser ....
4. Wir .... Ihnen gern einen Gutschein im Wert von 30 Euro ....
5. Ein solches Missgeschick .... sicher nicht noch einmal ....

3 **Trennen Sie die Wörter und schreiben Sie den Text. Achten Sie auf die Satzzeichen.**

SehrgeehrterHerrKleinvielenDankfürIhreMailEstutmirsehrleiddassdasBett
nichtpünktlichgeliefertwurdeWirkönnenamnächstenMontagliefernundbiete
nIhnenalsEntschädigungeinenGutscheimWertvon100EuroanIchhoffeich
konnteSiemitdieserLösungzufriedenstellenFürRückfragensteheichIhnengerne
zurVerfügungMitfreundlichenGrüßenChristineWimke

....
....
....
....

4 **Bringen Sie die Teile in die richtige Reihenfolge und schreiben Sie die E-Mail.**

```
vielen Dank für Ihre E-Mail vom 14.06.
- - - - - - - - - - - - - - - - - - - - - - - - - - - - - -
Bernd Edike
- - - - - - - - - - - - - - - - - - - - - - - - - - - - - -
Aufgrund der Unannehmlichkeiten, die Sie
hatten, bieten wir Ihnen einen Rabatt von
15% an. Bitte teilen mir mit, ob Sie mit
dieser Lösung einverstanden sind.
- - - - - - - - - - - - - - - - - - - - - - - - - - - - - -
Ihren Ärger über die falsche Lieferung
verstehe ich sehr gut. Bitte
entschuldigen Sie den Fehler.
- - - - - - - - - - - - - - - - - - - - - - - - - - - - - -
Sehr geehrte Frau Tarasian,
- - - - - - - - - - - - - - - - - - - - - - - - - - - - - -
Mit freundlichen Grüßen
- - - - - - - - - - - - - - - - - - - - - - - - - - - - - -
Ich kümmere mich persönlich um das
Problem und verspreche Ihnen, es kommt
nie wieder vor.
```

Antwort auf eine Reklamation

5 **Was passt zusammen? Verbinden Sie.**

1. für die E-Mail	sich entschuldigen
2. einen Rabatt	anbieten
3. den Fehler	liefern
4. für die falsche Lieferung	bedauern
5. den Artikel	danken

6 **Schreiben Sie die Sätze neu. Beginnen Sie mit den kursiv gedruckten Wörtern.**

1. Ich bedaure *den Fehler* bei der Lieferung sehr.

   ....

2. Wir kommen Ihnen *gern* im Preis entgegen und bieten Ihnen einen Rabatt von 10% an.

   ....

3. Ich werde mich *selbstverständlich* persönlich um das Problem kümmern.

   ....

4. Ich schicke Ihnen einen Gutschein *für Ihre nächste Bestellung* zu.

   ....

5. Ich möchte mich noch einmal *für die Unannehmlichkeiten* entschuldigen.

   ....

7 **Lesen Sie die Reklamation und ergänzen Sie die Antwort.**

Sehr geehrte Damen und Herren,

am 22.06. habe ich bei Ihnen zwei Waschbecken der Marke Picobello bestellt. Die Ware wurde am 29.06. geliefert. Erst gestern habe ich sie ausgepackt und dabei festgestellt: Ich habe statt der gewünschten cremefarbenen Waschbecken leider hellgrüne erhalten.
Ich bitte Sie nun, mir die Waschbecken in der richtigen Farbe zu liefern.
Bitte geben Sie mir Bescheid, wann ich mit der Lieferung rechnen kann.

Mit freundlichen Grüßen

M. Nguyen

Betreff: ....

....

vielen Dank ....
Ich bedaure sehr, dass Sie ....

....

Wir werden alles tun, um .... ,

....

und freuen uns, wenn ....

....

Mit ....

Kasimir Block

Lektion 12

1 **Was haben Sie in dieser Lektion gelernt? Testen Sie Ihr Wissen. Was ist richtig?**
Lesen Sie und kreuzen Sie an.

A | Nachrichten von Kunden verstehen

1. Sie lesen: *Ich komme noch mal auf Sie zu.*
   Was machen Sie?
   a. [ ] warten
   b. [ ] anrufen
   c. [ ] eine E-Mail schreiben

2. Was bedeutet *Bitte um Rückruf*?
   a. [ ] Der Kunde ruft noch mal an.
   b. [ ] Sie sollen den Kunden anrufen.
   c. [ ] Der Kunde ist aus dem Urlaub zurück.

3. Welcher Kunde beschwert sich?
   a. [ ] Herzlichen Dank für die Reparaturen.
   b. [ ] Würden Sie mal danach gucken?
   c. [ ] Im Keller ist schon wieder kein Platz!

4. Nachrichten ohne Anrede sind meistens …
   a. [ ] neutral.
   b. [ ] unhöflich.
   c. [ ] höflich.

B | Eine Beschwerde am Telefon entgegennehmen

5. Sie möchten Ihren Gesprächspartner beruhigen.
   a. [ ] Keine Sorge, das kriegen wir hin.
   b. [ ] Wo liegt das Problem?
   c. [ ] Rufen Sie doch später wieder an.

6. Sie haben vielleicht einen Fehler gemacht.
   Was sagen Sie <u>nicht</u>?
   a. [ ] Das war bestimmt mein Fehler.
   b. [ ] Das hätte nicht passieren dürfen.
   c. [ ] Das verstehe ich nicht.

7. Ihr Kunde ist sauer. Sie sagen:
   Ich kann … wirklich verstehen.
   a. [ ] Ihr Problem
   b. [ ] Ihren Ärger
   c. [ ] Ihren Anruf

8. Was erwartet der Kunde <u>nicht</u>?
   Das Rohr tropft immer noch!
   a. [ ] eine Reparatur
   b. [ ] einen Rabatt
   c. [ ] ein neues Rohr

C | Eine schriftliche Reklamation beantworten

9. Sie versprechen etwas.
   a. [ ] Ich werde mich persönlich darum
      kümmern.
   b. [ ] Möchten Sie vielleicht einen Gutschein?
   c. [ ] Das war vermutlich unser Fehler.

10. Die falsche Lieferung … ich sehr.
    a. [ ] dauere
    b. [ ] bedaure
    c. [ ] verdauere

11. Ich entschuldige mich … die falsche Lieferung.
    a. [ ] für
    b. [ ] vor
    c. [ ] um

12. … ärgern Sie sich denn?
    a. [ ] Worüber
    b. [ ] Woüber
    c. [ ] Über wem

D | Ein Beratungsgespräch führen

13. Was ist keine Empfehlung?
    a. [ ] Ich empfehle Ihnen …
    b. [ ] Ich rate Ihnen …
    c. [ ] Ich verspreche Ihnen …

14. Wenn ich Sie …, würde ich den Fisch nehmen.
    a. [ ] kenne
    b. [ ] wäre
    c. [ ] empfehle

15. Der Kunde hat Schimmel an … Decke.
    a. [ ] der
    b. [ ] die
    c. [ ] –

16. Aus … lernt man.
    a. [ ] Fehler
    b. [ ] Fehlern
    c. [ ] Fehlerinnen

E | Höflich sprechen

17. Welche Bitte ist am höflichsten?
    a. [ ] Rufen Sie mich bitte an.
    b. [ ] Können Sie mich bitte anrufen?
    c. [ ] Könnten Sie mich bitte anrufen?

18. Welche Bitte ist am unhöflichsten?
    a. [ ] Eimer holen!
    b. [ ] Hol mal den Eimer.
    c. [ ] Holst du mal den Eimer?

19. Welche Frage ist richtig?
    a. [ ] Würden Sie uns bitte anrufen?
    b. [ ] Würden Sie anrufen uns bitte?
    c. [ ] Würden bitte Sie uns anrufen?

20. Welcher Satz steht nicht im Konjunktiv?
    a. [ ] Würden Sie mir den Schein wechseln?
    b. [ ] Könnten Sie mir den Schein wechseln?
    c. [ ] Wechseln Sie mir vielleicht den Schein?

2   **Vergleichen Sie mit der Lösung auf S. 136. Für jede richtige Lösung gibt es einen Punkt. Wie viele Punkte haben Sie?**

Ich habe .... von 20 Punkten.

20 – 16 Punkte	15 – 11 Punkte	10 – 0 Punkte
☺ Prima! Gut gemacht!	☺ Ganz okay. Weiter so!	☹ Noch nicht so gut! Wiederholen Sie noch mal.

3   **Was können Sie noch nicht so gut? Ist das für Ihre Arbeit wichtig? Was möchten Sie üben? Notieren Sie.**

....
....
....
....

Lösungen

Lektion 1

Übungen

2a ich kann, du kannst, Sie können (formell), er / es / sie kann, wir können, ihr könnt, Sie können (formell), sie können

2b 1. kann; 2. können; 3. können; 4. kann; 5. könnt; 6. kann; 7. Kannst; 8. kannst

4 a. 4.; b. 3.; c. 5.; d. 2.; e. 6.; f. 1.

8 1. möchte; 2. willst; 3. möchte; 4. will; 5. würden; 6. Würdest; 7. möchte; 8. will; 9. Möchte; 10. würden

9 (1) will / möchte; (2) möchte / will; (3) möchte / will; (4) würde, gerne

10a 1. Was sind Sie von Beruf? 2. Wie viel Berufserfahrung haben Sie? 3. Haben Sie schon in Deutschland gearbeitet? 4. Haben Sie ein Deutsch-Zertifikat? 5. Wo möchten Sie das Praktikum machen? 6. Möchten Sie noch etwas mit mir besprechen?

11 1. muss / sollte; 2. solltest; 3. sollte; 4. müssen; 5. sollte; 6. muss / sollte; 7. muss; 8. solltet

12 1. kundenorientiert; 2. pünktlich; 3. zuverlässig; 4. motiviert; 5. interkulturell kompetent; 6. teamfähig; 7. konfliktfähig; 8. flexibel

Fachtexte knacken: Verben und Ergänzungen

1 3.

2b entgegennehmen: wer? (Nom.) wen? / was? (Akk.); schulen: wer? (Nom.) wen? (Akk.); organisieren: wer? (Nom.) was? (Akk.); zusammenarbeiten mit: wer? (Nom.) mit wem? (Präposition + Dat.)

3b informieren über: sie (Sommeliers / Sommelièren) (Nom.), die Gäste (Akk.), über das Weinangebot (Präp. + Akk.); entgegennehmen: sie (Nom.), die Weinbestellung (Akk.); auswählen: sie (Nom.), die entsprechenden Gläser (Akk.); schulen: sie (Nom.), MitarbeiterInnen (Akk.); organisieren: sie (Nom.), Weinverkostungen (Akk.); zusammenarbeiten mit: Sommeliers / Sommelièren (Nom.), mit anderen Restaurantfachleuten, KöchInnen und Küchenhilfskräften (Präp. + Dat.)

3c *Zum Beispiel:* dekantieren: sie (Nom.), die Weine (Akk.); sich informieren über: sie (Nom.), über neue Weinsorten, Trends und Weinqualitäten (Präp. + Akk.)

Schreibtraining: Beschreibung Traumarbeitsplatz

1 Koch, Krankenpfleger, Lagerist, Kellnerin, Erzieherin, Verkäuferin, Ingenieur, Elektriker, Gärtnerin, Architekt, Busfahrer, Sekretärin, Friseurin

2 1. Verkäufer, Deutschland, Träume, freundlich, Friseur, Gebäude; 2. Gärtnerei, reparieren, umgehen, Sekretärin, rechnen, schwer, spät

3 *Zum Beispiel:* Wann? halbtags, Vollzeit, nachts, Teilzeit, im Schichtdienst, nur am Wochenende; Wo? auf einer Baustelle, an einer Maschine, in einem Laden, in einem Krankenhaus, zu Hause, draußen, im Zentrum der Stadt; Wie? mit Menschen, im Team, kreativ; Was machen? selbstständig arbeiten, erziehen, entwerfen, organisieren, planen; Was ist noch wichtig? ein sympathischer Chef, Ruhe, eine große Werkstatt, nette Kollegen, viel Licht, Spaß, eine Kaffeemaschine, freundliche Leute

5 1. b.; 2. h.; 3. e.; 4. a.; 5. d.; 6. g.; 7. f.; 8. c.

6 Krankenpflegerin: Medikamente verteilen, Fieber messen; Gärtner: Bäume pflanzen, Pflanzen gießen; Köchin: Gäste beraten, Desserts zubereiten; Elektriker: Kabel verlegen, Steckdosen kontrollieren

7 *Zum Beispiel:* Am liebsten möchte ich halbtags in einem Hotel arbeiten. Ich würde gern Vollzeit in einem Laden arbeiten. In drei Jahren würde ich gern halbtags auf einer Baustelle arbeiten.

Test: Lektion 1

1 1. c.; 2. b.; 3. c.; 4. a.; 5. c.; 6. b.; 7. a.; 8. c.; 9. a.; 10. c.; 11. a.; 12. b.; 13. b.; 14. c.; 15. b.; 16. a.; 17. c.; 18. c.; 19. c.; 20. a.

Lektion 2

Übungen

1 1. h.; 2. f.; 3. a.; 4. b.; 5. c.; 6. g.; 7. e.; 8. d.

2a *Zum Beispiel:* Kinderpfleger/in: Organisationstalent, freundliches Auftreten, Lernbereitschaft, Kreativität, Verantwortungsbewusstsein, Kommunikationsfähigkeit, Flexibilität, Spaß am Basteln, Belastbarkeit in Stresssituationen, Konfliktfähigkeit, Teamfähigkeit, Engagement; Mechatroniker/in: Lernbereitschaft, Informatikkenntnisse, Verantwortungsbewusstsein, Kommunikationsfähigkeit, Flexibilität, technisches Verständnis, Belastbarkeit in Stresssituationen, Fremdsprachenkenntnisse, Sorgfalt, Engagement

3 Arbeitsvermittler/in: 2, 3, 4, 5, 7, 9, 10, 11, 12; Sie: 3, 5, 6, 8, 9, 11

4a 1. kann (Verb), ich (Subjekt), meinen Abschluss anerkennen lassen? 2. Wie lange (Fragewort), dauert (Verb) 3. Wie viel (Fragewort), man (Subjekt), in diesem Beruf? 4. Wer (Fragewort), – (Subjekt), mir bei der Bewerbung helfen? 5. die Arbeitsagentur (Subjekt), eine Umschulung? 6. Bekomme (Verb), ich (Subjekt), weiter Leistungen

4b a. 2.; b. 6.; c. 4.; d. 3.; e. 1.; f. 5.

6a Sie suchen: Arbeit; Suchbegriff(e): Busfahrer; Arbeitsort: Berlin

6b 2.

6c 2. Nur Stellen ohne folgende Begriffe g.; 3. Postleitzahl d.; 4. Betriebsgröße f.; 5. Befristung c.; 6. Beginn der Tätigkeit a.; 7. Umkreis b.

7 1. aber ich habe viel Berufserfahrung. 2. denn wir arbeiten im Schichtdienst. 3. und ich muss mich manchmal um die Kinder kümmern. 4. sondern ich muss alle vier Stunden eine Pause machen. 5. oder möchten Sie ihn im Personalbüro abholen.

8a Adresse, Geschäftsführer/in oder Inhaber/in, Branche

9 1. A; 2. E; 3. B; 4. D; 5. B; 6. B; 7. D; 8. E; 9. C

10 richtig: 3, 5, 6; falsch: 1, 2, 4, 7, 8

11 1. Mitarbeit; 2. Abschluss; 3. Aufenthalt; 4. Pflege; 5. Umzug; 6. Betreuung

Fachtexte knacken: Relativsätze

1 1.

2a 1. Fahrzeuge; 2. Tage; 3. Zeitpunkt

3 Arbeitszeiten, die außerhalb des Kraftfahrzeuges verrichtet werden; Zeit, die der Fahrer für die Anreise benötigt; Fahrzeug (…), das sich nicht am Wohnort des Fahrers oder der Hauptniederlassung des Arbeitgebers befindet

Schreibtraining: Lebenslauf

1 1. Ausbildung; 2. Umschulung; 3. Kenntnisse; 4. Fortbildung; 5. Mitarbeit; 6. Integrationskurs

4 *Zum Beispiel:* Wohnort; Geburtsdatum, Geburtsort; Familienstand, Familienphase, Familienbetrieb; Sprachschule, Sprachkenntnisse; Mittelschule; Berufsschule, Berufstätigkeit; Führerschein; Schulabschluss

5 *Zum Beispiel:* Umschulung zum Elektriker; Praktikum bei Möbel & Co., Praktikum im Einkauf bei Siemens; Integrationskurs an der Sprachschule Klartext; Ausbildung in der Cafeteria Venezia, Ausbildung als Bürokauffrau; Mittelschulabschluss mit der Note gut; Aushilfe als Kellnerin; Lagerist bei Möbel & Co.

6 1. die Bestellung; 2. die Organisation; 3. die Planung; 4. die Betreuung; 5. die Durchführung; 6. die Reparatur

7 *Zum Beispiel:* Altenpflegerin (…): Organisation von Ausflügen; Praktikum (…): Bestellung von Material, Auffüllen von Regalen; Elektriker (…): Durchführung von Bauprojekten, Reparatur von Lichtanlagen

Test: Lektion 2

1 1. c.; 2. a.; 3. b.; 4. c.; 5. b.; 6. c.; 7. a.; 8. b.; 9. b.; 10. a.; 11. b.; 12. a.; 13. c.; 14. b.; 15. c.; 16. a.; 17. c.; 18. a.; 19. b.; 20. a.

Lektion 3

Übungen

1a 1. c.; 2. d.; 3. f.; 4. e.; 5. h.; 6. g.; 7. a.; 8. b.

2 1. führt, durch; 2. pflegt; 3. bereitet, vor; 4. berät; 5. dokumentiert; 6. empfängt; 7. wartet; 8. arbeiten, zusammen

3 1. Pkw-Führerschein erforderl.; 2. Erfahrene Arzthelferin; 3. abgeschlossene Ausbildung oder vergleichbare Qualifikation; 4. leistungsorientierte Bezahlung; 5. gute Arbeitsbed.

4a Mariam Sediqi: A: Ausbildung zur Arzthelferin, 5 Jahre Berufserfahrung, B: sucht eine Stelle für 20 Wochenstunden, C: Zertifikat Deutsch B2; Alfredo Garcia Lopéz: A: Elektriker, 10 Jahre Berufserfahrung, B: möchte Vollzeit arbeiten, C: PKW-Führerschein, Deutsch A2 (DTZ); Iwan Kaminsky: B: sucht Arbeit für 3 Monate; Helga Brown: A: Hotelfachschule, 5 Jahre Berufserfahrung als Kellnerin, B: sucht feste Stelle, C: Deutsch B2

4b Hr. Garcia Lopéz: Nr. 1; Hr. Kaminsky: Nr. 5; Fr. Brown: Nr. 4

4c Fr. Sediqi: 3. ja, 4. ja; Hr. Garcia Lopéz: 1. nein, 2. ja, 3. ja, 4. ja; Hr. Kaminsky: 1. nein, 2. ja, 3. nein, 4. nein; Fr. Brown: 1. ja, 2. ja, 3. ja, 4. ja

6a 1. Angestellter; 2. Interesse; 3. persönlich; 4. Praktikum

6b a. 4.; b. 2.; c. 1.; d. 3.

7 richtig: 1, 5, 6; falsch: 2, 3, 4

8a 1. ich Ihre Stellenanzeige gelesen. 2. In Kroatien habe ich 20 Jahre als Reiseleiter gearbeitet. 3. Als Leiter unseres Familienbetriebs habe ich auch die Buchhaltung gemacht. 4. Im Moment unterstütze ich das Team von Seiffert Reisen bei Übersetzungen. 5. Für weitere Auskünfte stehe ich Ihnen gerne zur Verfügung. 6. Über eine Einladung zum Vorstellungsgespräch freue ich mich sehr.

9 b *Zum Beispiel:* 1988 hat Frau Smith die Ausbildung abgeschlossen. Anschließend / Dann hat sie die Schneiderei eröffnet. Vier Jahre später hat sie ihren Mann kennen gelernt. Nach einem Jahr ist sie nach Deutschland gezogen. Im ersten Jahr hat sie Deutsch gelernt. Dann ist Thomas geboren. 2013 hat sie Bewerbungen geschrieben.

10 sein: gezogen, gekommen, geworden, gegangen, geflogen; haben: gearbeitet, unterstützt, gelesen, gelernt, besucht, entdeckt, gemacht, abgeschlossen, gesucht, gefunden, angerufen

11 haben: ich hatte, du hattest, Sie hatten (formell), er / es / sie hatte, wir hatten, ihr hattet, Sie hatten (formell), sie hatten; sein: ich war, du warst, Sie waren (formell), er / es / sie war, wir waren, ihr wart, Sie waren (formell), sie waren

12 1. jetzt eine feste Stelle? 2. Was machen Sie am liebsten in Ihrer Freizeit? 3. Wie viel möchten Sie bei uns verdienen? 4. Was wissen Sie schon über uns? 5. Wie mobil sind Sie? 6. Haben Sie noch Fragen an uns? 7. Können Sie auch am Wochenende arbeiten? 8. Wann möchten Sie bei uns anfangen?

Fachtexte knacken: Bekannte Wörter nutzen

1 zu einer Haarfarbe

Schreibtraining: Bewerbung

1 1. schnell; 2. freundlich; 3. zuverlässig; 4. teamfähig

2 Ihre Anzeige im Stuttgarter Wochenblatt habe ich mit großem Interesse gelesen und bewerbe mich hiermit um die Stelle als Altenpfleger.

3 *Zum Beispiel:* In Usbekistan habe ich meine Ausbildung als Friseurin abgeschlossen. Nach meiner Ausbildung habe ich als Friseurin in einem großen Salon gearbeitet. Dort konnte ich viele Erfahrungen mit Kunden sammeln. Im letzten Jahr konnte ich dort meine Kenntnisse über neue Haarfärbetechniken erweitern. In Köln habe ich ein Praktikum bei Friseur Klör gemacht.

4 *Zum Beispiel:* (1) Sehr; (2) Anzeige; (3) Ausbildung; (4) Kenntnisse; (5) erweitern; (6) schnell; (7) zuverlässig; (8) unterstützen; (9) Einladung; (10) freundlichen

5 ordentlich; belastbar; anspruchsvoll; pünktlich; erfolgreich; teamfähig; lernwillig / lernfähig; freundlich

6 1. die Arbeit; 2. das Interesse; 3. die Bewerbung; 4. die Erfahrung; 5. die Unterstützung; 6. die Einladung

1 1. c.; 2. a.; 3. a.; 4. c.; 5. a.; 6. a.; 7. a.; 8. b.; 9. b.; 10. a.; 11. a.; 12. b.; 13. c.; 14. a.; 15. c.; 16. a.; 17. a.; 18. c.; 19. c.; 20. a.

Lektion 4

Übungen

1 3, 5

2 a 1. Könnten wir einen (…)? 2. Ja, gerne. Wann (…)? 3. Ich kann am 1.10. (…)? 4. Oh, das wird knapp, (…)? 5. Tut mir leid, da (…)? 6. Schlecht. Können (…)? 7. Ja, das ist möglich. 8. Schön, (…).

3 1. habe vor 3 Wochen ein Praktikum gemacht. 2. kann mich gut an Sie erinnern. 3. brauche ich mein Zeugnis. 4. Das liegt schon auf meinem Schreibtisch. 5. Wann kann ich denn vorbeikommen und es abholen? 6. Können Sie morgen um 9 Uhr kommen? 7. Das passt mir gut.

4 (1) Auf; (2) zur; (3) in; (4) nach; (5) An; (6) Von; (7) entlang; (8) in

5 1. der; 2. die, zum; 3. den; 4. die; 5. zur, den; 6. der

6 a 6, 1, 5, 2, 4, 7, 3

7 1. du, dir, dich, dir, du, dich; 2. ihr, euch, euch, euch, ihr, euch; 3. Sie, Ihnen, Sie, Ihnen, Sie, Sie

9 a *Zum Beispiel:* Spülmaschine ausräumen; Speisekarten schreiben, Speisekarten verteilen; Regale ausräumen, Regale auffüllen; Rechnungen schreiben; Wunden verbinden; Blut abnehmen; Reifen wechseln; Ersatzteile bestellen

9 b *Zum Beispiel:* Ausräumen von Spülmaschinen; Schreiben von Speisekarten, Verteilen von Speisekarten; Ausräumen von Regalen, Auffüllen von Regalen; Schreiben von Rechnungen; Verbinden von Wunden; Abnehmen von Blut; Wechseln von Reifen; Bestellen von Ersatzteilen

10 a 1, 3, 4, 5

Fachtexte knacken: Zusammengesetzte Nomen

1 1. goldgelbe Farbe; 2. keine Farbe; 3. Suppeneinlage

2 a + 2 b Spargel|stück, Reib|käse, Frisch|ei, Schinken|speck

3 a b.

3 b Eierpfannkuchen, Suppeneinlage, Süßspeise, Grundrezept, Vollmilch

3 c Célestine

Schreibtraining: Praktikumsbericht

1 kopieren, reparieren, kochen, telefonieren, schneiden, bedienen, wechseln, helfen, reinigen, sortieren, zuschauen, fahren

2 1. Papier, Kopierer, bedienen, telefonieren, Kollegin, reparieren, Termin; 2. Telefon, Gerät, Geschenk, sprechen, Tätigkeit, Mängel, Fensterbänke

3 1. Ein Gerät hat nicht funktioniert. Ich habe den Chef geholt. 2. Ein Kollege hat sein Jubiläum gefeiert und Sekt mitgebracht. 3. Wie gratuliert man Kollegen zum Jubiläum? Das war schwierig.

4 *Bericht 1:* Tätigkeiten: Patienten begrüßen, Namen und Adressen in Computer eintragen, beim Wiegen der Babys helfen, bei Hör- und Sehtest zuschauen; Besondere Situationen: Notfall um 15 Uhr, Frau (…); Wortschatz / Redemittel: die Untersuchung, abhören; Das möchte ich im Unterricht besprechen: Was kann ich sagen, (…), Wie kann (…); *Bericht 2:* Tätigkeiten: Spülmaschine einräumen, Geräte desinfizieren, Boden wischen, Gewürze sortieren, Hähnchenschnitzel vorbereiten; Besondere Situationen: ein Lieferant (…), der Kollege (…); Wortschatz / Redemittel: in Öl einlegen, der Wischmob; Das möchte ich im Unterricht besprechen: Was kann ich sagen, (…), Wie kann (…)

5 Praktikumsbetrieb, Praktikumsplatz; Ansprechpartner; Zeitraum; Kundendienst; Terminvereinbarung; Besprechungsraum; Redemittel; Arbeitsplatz

6 Restaurant: Speisekarten verteilen, Geschirr abdecken, Gäste begrüßen, Getränke servieren, Kaffee kochen; Friseursalon: Rasierer reinigen, Farbe auswählen, Haare waschen, Kunden beraten, Pinsel reinigen, Kaffee kochen; Malerbetrieb: Wände tapezieren, Teppichboden verlegen, Farbe auswählen, Fenster streichen, Kunden beraten, Pinsel reinigen, Kaffee kochen

7 Name: Anna (Nachname unbekannt); Praktikumsbetrieb: Friseursalon „Freda"; Tätigkeit: Friseurin; Ansprechpartner/in: Susanne Fein; Tätigkeiten: beim Haareschneiden zuschauen, Kaffee für Kunden kochen, Pflaster kaufen; Besondere Situationen: ein Kollege hat eine Kundin ins Ohr geschnitten, wir hatten keine Pflaster; Wortschatz / Redemittel: Trockenhaube

Test: Lektion 4

1 1. a.; 2. b.; 3. a.; 4. a.; 5. a.; 6. c.; 7. b.; 8. a.; 9. b.; 10. b.; 11. b.; 12. b.; 13. c.; 14. a.; 15. b.; 16. c.; 17. b.; 18. c.; 19. c.; 20. c.

Lektion 5

Übungen

1 Schreiben: ein Formular ausfüllen, eine Telefonnummer notieren, Regale beschriften; Sprechen: mit einer Firma telefonieren, Kunden beraten, mit dem Chef verhandeln, eine Durchsage machen; Lesen: eine Information zu einem Produkt heraussuchen, eine Liste kontrollieren, etwas im Dienstplan nachsehen; Hören: einem Kunden zuhören, mit einer Firma telefonieren

3 1. Ja, im Pausenraum gibt es für jede/n Mitarbeiter/in ein Schließfach. 2. Sie soll zuerst mit der Kollegin oder dem Kollegen sprechen und dann Herrn Özulas informieren. 3. jeden Abend nach der Kassenschicht; 4. die Kolleginnen und Kollegen

4 *Zum Beispiel:* ich unterbreche: 1, 3; nicht: 2, 4

6a ich bin, du bist, Sie sind (formell), er / es / sie ist, wir sind, ihr seid, Sie sind (formell), sie sind

6b 1. ist (richtig); 2. ist; 3. sind; 4. ist; 5. sind; 6. bist; 7. ist (richtig); 8. bin; 9. Sind

7 1. heiße / bin, fange, an / soll, anfangen; 2. freut, kommen; 3. bin / lebe / wohne, Arbeiten; 4. haben, kenne, aus; 5. wissen

8a R wie Robert, I wie Ida, S wie Südpol, H wie Himmel, N wie Nordpol, I wie Ida, K wie Kontrolle, O wie Otto, V wie Vogel, A wie Anton

10a der Arbeitsvertrag, die Kündigung, die Vergütung, die Nebentätigkeit, der Arbeitgeber, die Probezeit, der Arbeitnehmer, die Frist

11 1. Arbeitsvertrag; 2. Probezeit; 3. Vollzeit; 4. Urlaub; 5. Arbeitsunfähigkeitsbescheinigung; 6. Bruttovergütung; 7. Nebentätigkeit

12 2. mit anderen über Informationen über die Firma sprechen. 3. ihren Chef um Erlaubnis bitten. 4. sie muss die Kündigung vier Wochen vorher einreichen und kann nur zum Ende eines Monats kündigen.

13 *Zum Beispiel:* der Kalendermonat, das Kalenderjahr, der Kalendertag; die Arbeitszeit, der Arbeitnehmer, der Arbeitgeber, die Arbeitsvergütung, das Arbeitsverhältnis; die Probezeit; der Werktag; die Nebentätigkeit; das Betriebsgeheimnis; die Urlaubszeit; die Kündigungsfrist; die Vollzeit

14a 1. Arbeitnehmer; 2. Krankenkasse; 3. Geschlecht; 4. Geburtsort

14b a. 3.; b. 2.; c. 4.; d. 1.

Fachtexte knacken: Verben mit Vorsilben

1 2.

2a 1. eingehen; 2. anbieten; 3. nimmt, auf

3a trennbar: hinweisen, vorführen; untrennbar: verkürzen

3b *Zum Beispiel:* verkaufen, abkaufen, aufkaufen; annehmen, zunehmen, entnehmen; hingehen, mitgehen, vergehen

Schreibtraining: Personalfragebogen

1 Familienstand, Geburtsland, Staatsangehörigkeit, Bankverbindung, Kontonummer, Krankenkasse

2 weiblich, selbstständig, ledig, geringfügig, männlich, sozialversicherungspflichtig, persönlich, tätig

3 1. verheiratet, geschieden; 2. italienisch, türkisch, nigerianisch, ukrainisch; 3. Spanien, Griechenland, Afghanistan, Mexiko

4 Familienname: Jankovic; Vorname: Lidija; Geburtsort, -land: Zagreb, Jugoslawien; Geschlecht: weiblich; Staatsangehörigkeit: kroatisch; Familienstand: ledig; Name des Bankinstituts: Commerzbank; Kontonummer: 6538902; Name der Krankenkasse, Ort: AOK, Dortmund

5 persönliche Angaben: Geburtsort, Familienstand, Staatsangehörigkeit, Adresse; Bankverbindung: Kontonummer, Bankinstitut, Bankleitzahl; Arbeitspapiere: Arbeitsvertrag, Sozialversicherungsausweis, VWL-Vertrag

6 1. männlich; 2. wöchentlich; 3. Verkäufer/in; 4. Steuerklasse

7 Familienname: Jannat; Vorname: Mahdieyh; Geburtsort, -land: Teheran, Iran; Geburtsdatum: 13.04.1981; Geschlecht: weiblich; Staatsangehörigkeit: iranisch; Familienstand: verheiratet; Kinder: Jannat, Fatime, 01.05.20xx; Status zu Beginn der Beschäftigung: Sonstiges; Schulabschluss: Abitur / Fachabitur

Test: Lektion 5

1 1. a.; 2. b.; 3. a.; 4. c.; 5. b.; 6. b.; 7. a.; 8. b.; 9. a.; 10. a.; 11. c.; 12. b.; 13. c.; 14. c.; 15. b.; 16. c.; 17. a.; 18. c.; 19. c.; 20. a.

Lektion 6

Übungen

1 1. der Bildungssuchende; 2. der Bildungsanbieter; 3. der Veranstaltungsort

2a 1. Für Bildungssuchende; 2. Für Bewerber

3 1. b.; 2. d.; 3. a.; 4. f.; 5. c.; 6. g.; 7. e.

4a *Zum Beispiel:* Feuerlöscher, Feuerwehr; Fluchtwege; Gehörschutz; Haarnetz; Notruf; Rauchverbot; Rettungswagen, Rettungswege; Sicherheitsbeauftragte, Sicherheitsmängel, Sicherheitsschuhe

4b 1. der Feuerlöscher; 2. der Fluchtweg; 3. das Haarnetz; 4. der Gehörschutz; 5. der Notruf; 6. der Rettungswagen; 7. die Feuerwehr; 8. das Rauchverbot

5a nehmen: Nehmen Sie! Nehmt! tragen: Tragen Sie bitte! Trag bitte! arbeiten: Arbeite! Arbeitet! beachten: Beachten Sie bitte! Beachtet bitte! austauschen: Tauschen Sie aus! Tausch aus! sein: Seien Sie vorsichtig! Seid vorsichtig!

5b lesen: Lesen Sie! Lies! Lest! sprechen: Sprechen Sie! Sprich! Sprecht! fahren: Fahren Sie! Fahr! Fahrt! halten: Halten Sie! Halt! Haltet! öffnen: Öffnen Sie! Öffne! Öffnet! rechnen: Rechnen Sie! Rechne! Rechnet!

6 1. A: Halten Sie bitte die Rettungswege frei. Tragen Sie immer die Sicherheitsschuhe. Beachten Sie das Rauchverbot. Setzen Sie immer das Haarnetz auf. B: Zeigen Sie mir / uns bitte die Fluchtwege. Erklären Sie bitte den Feuerlöscher. Fassen Sie bitte die wichtigsten Sicherheitsvorschriften noch einmal zusammen. 2. A: Mach bitte den Arbeitsplatz sauber. Tausch die kaputten Lampen aus. Trenn die Abfälle sorgfältig. Setz das Haarnetz auf. B: Öffnet bitte den kaputten Wasserkocher nicht. Stellt den Mülleimer an seinen Platz. Sprecht etwas langsamer. Ruft einen Rettungswagen.

7 1. müssen, –; 2. dürft, nicht; 3. müssen, –; 4. darfst, keinen; 5. muss, –; 6. muss, –; 7. darfst, keinen

8 *Zum Beispiel:* 1. Lieferscheine überprüfen, Geld überweisen; 2. Lohn auszahlen, neue Mitarbeiter suchen, Vorstellungsgespräche führen, Stellenanzeigen schreiben; 3. Bestellungen annehmen, Werbeanzeigen schreiben; 4. Angebote für Material einholen; 5. Waren sortieren, Waren kontrollieren; 6. Software installieren, PCs warten; 7. Mitarbeiter bei Problemen beraten, Vorstellungsgespräche kontrollieren; 8. Kündigungen unterschreiben, Unternehmen leiten und verwalten

9 1. a.; 2. b.; 3. a.; 4. c.; 5. c.; 6. a.

10a 2. Könntest / Würdest du mir etwas aus der Kantine mitbringen? 3. Könnten / Würden Sie die Klimaanlage reparieren lassen? 4. Könnten / Würden Sie die Glühbirne über der Tür wechseln? 5. Könntet / Würdet ihr im Pausenraum etwas leiser sprechen? 6. Könntet / Würdet ihr den Aschenbecher regelmäßig leeren?

10 b 1. mit mir Mittagspause machen? 2. Hätten Sie noch Lieferscheine für uns? 3. Würdest du bitte die Liste ausdrucken? 4. Wären Sie bitte zu diesem Kunden besonders freundlich, Herr Abel! 5. Hättest du vielleicht einen Taschenrechner für mich?

11 a 1. Ich habe verstanden, dass ich die Waren sortieren soll. Stimmt das? 2. Und was soll ich noch tun? 3. Ich verstehe das nicht richtig. Können Sie mir das zeigen? 4. Entschuldigen Sie, dass ich Sie unterbreche.

12 A: Tut mir leid, aber ich bin (…). Das letzte Wort (…). Entschuldigen Sie, (…). B: Könnten Sie das (…)? Wären Sie so nett (…)? C: Bedeutet das, dass ich …? Heißt das, ich soll …? Sie haben gesagt, (…)?

Fachtexte knacken: *sein + zu + Infinitiv*

1 um Vorschriften für Arbeitsplätze

2 a 1. muss, beseitigen, man (Subjekt); 2. muss, bereitstellen, man (Subjekt)

2 b sein + zu + Infinitiv: 1. Festgestellte (…) sind unverzüglich zu beseitigen. 2. Mittel (…) sind bereitzustellen (…).

2 c *Zum Beispiel:* und an geeigneten Stellen aushängen. Man muss Sicherheitseinrichtungen (…) regelmäßig warten und auf ihre Funktionsfähigkeit prüfen. Man muss Umkleide-, Wasch- und Toilettenräume für Männer und Frauen getrennt einrichten.

Schreibtraining: Anfrage

1 1. geehrter; 2. Anhang; 3. Antwort, freuen; 4. Dank, Voraus; 5. Grüßen

2 Sehr geehrte Frau Yilmaz, ich war leider letzte Woche krank und konnte nicht an der Sicherheitsunterweisung teilnehmen. Können Sie mir bitte schreiben, wann die nächsten Termine sind? Vielen Dank im Voraus. Mit freundlichen Grüßen Eva Gallas

3 Von: Simke, Claudia; An: info@kantine-jung.de; Betreff: Anfrage kaltes Büffet; Sehr geehrte Damen und Herren, für eine Weiterbildungsveranstaltung (…) Desserts. Bitte senden Sie mir bis zum 1.10. ein Angebot. Vielen Dank im Voraus. Mit freundlichen Grüßen; Claudia Simke; Assistentin, Buchhaltung

4 Anrede: Sehr geehrter Herr Hu, Sehr geehrte Damen und Herren, Liebe Kolleginnen und Kollegen; Schlusssatz: Über eine schnelle (…). Vielen Dank im Voraus. Ich freue mich, (…). Wenn Sie Fragen (…). Gruß: Herzliche Grüße, Mit freundlichen Grüßen, Viele Grüße

5 1. Ich habe gehört, dass die Firma die Kosten für Sicherheitsschuhe übernimmt. 2. Ich habe neue Schuhe gekauft und Ihnen die Rechnung geschickt. 3. Können Sie mir bitte Bescheid geben, ob damit alles in Ordnung ist.

Test: Lektion 6

1 1. c.; 2. c.; 3. c.; 4. a.; 5. a.; 6. a.; 7. b.; 8. b.; 9. b.; 10. c.; 11. a.; 12. c.; 13. b.; 14. a.; 15. a.; 16. b.; 17. a.; 18. b.; 19. a.; 20. a.

Lektion 7

Übungen

1 (1) Beruf; (2) Abschluss; (3) anerkennen lassen; (4) Antrag; (5) Unterlagen; (6) gleichwertig; (7) Anerkennung; (8) Festanstellung; (9) Gehalt; (10) unbefristeten

3 Ja hallo. Erikson, ich höre. Hallo, alles klar?

4 1. in der Leitung / dran / am Apparat, verbinde; 2. ist gerade nicht am Platz / ist gerade nicht da / ist außer Haus; 3. ihm / ihr etwas ausrichten / Ihnen weiterhelfen; 4. zurückrufen; 5. kann ich für Sie tun

5 a *Zum Beispiel:* durchstellen, durchkommen; aushelfen, ausrichten, ausstellen; weiterhelfen, weiterkommen; zurückrufen, zurückkommen; anrufen, ankommen

6 a trennbar: weiterhelfen, zurückrufen, ausrichten; untrennbar: unterhalten, hinterlassen, verbinden, versuchen, begrüßen, verabschieden, vereinbaren, entschuldigen

6 b weiterhelfen, verbinden, zurückrufen, hinterlassen, richten, aus, vereinbart

7 1. Termin; 2. Anrufer; 3. Erledigung; 4. Sonstiges; 5. Rückruf; 6. Notiz; 7. Kenntnisnahme; Lösungswort: Telefon

8 a, c, d

10 1, 3, 4, 7

11 1. wie ich in die Kantine komme? 2. warum Herr Mack immer das Gleiche sagt. 3. ob Frau Long das Bestellsystem richtig verstanden hat. 4. was ich mit den Rechnungen machen muss? 5. ob ich den Termin im Kalender notiert habe.

13 a 1. von der Personalabteilung; 2. den Betrag auf der Gehaltsabrechnung im Januar kontrollieren

13 b 2, 4, 5

Fachtexte knacken: Adjektive mit Nachsilben

1 Probleme

2a fehlerhaft, mangelhaft, ordnungsgemäß

2b -haft: mit; -gemäß: nach, entsprechend

3a 1. -bar; 2. -weise; 3. -los

Schreibtraining: Telefonnotiz

1 1. Anrufer; 2. Rückruf; 3. Termin; 4. Erledigung

2 1. Rückruf; 2. Kenntnisnahme; 3. Erledigung

3 + 4 Datum / Uhrzeit: 13.07., 14.30; Für: Klaus Leber; Von: *(eigener Name)*; Anrufer: Tellhaus, Mieter Hegelstr. 5; Telefon: 045 / 653421; Anrufer bittet um Erledigung; Grund des Anrufs: Licht im Treppenhaus funktioniert nicht. Glühbirne ausgetauscht, funktioniert immer noch nicht. Elektriker soll vorbeikommen und Lampe ansehen.

5 anrufen, bestellen, zurückrufen, schicken, abgeben, erledigen, vorbeibringen, überweisen, anmelden, fertigmachen, besorgen, benachrichtigen

6 *Zum Beispiel:* 1. Fr Praktikumsbericht abgeben; 2. bis Mo Herr Lemmert, Angebot Bodenbelag; 3. Fr Überweisung Fahrtkosten Betriebsausflug

Test: Lektion 7

1 1. c.; 2. b.; 3. a.; 4. b.; 5. a.; 6. b.; 7. b.; 8. c.; 9. b.; 10. a.; 11. b.; 12. c.; 13. a.; 14. a.; 15. b.; 16. c.; 17. b.; 18. c.; 19. a.; 20. b.

Lektion 8

Übungen

1a 1. sammeln; 2. knüpfen; 3. bekommen; 4. kennen lernen

1b a. 4.; b. 2.; c. 3.; d. 1.

3a A: Arbeitszeiten, Lohnerhöhung, Qualitätsmanagement, neue Projekte, Überstunden, Arbeitsabläufe, Übergabe, Erfahrungen mit Kunden, Ordnung am Arbeitsplatz, Informationen über Patienten oder Kunden, Betriebsausflug; B: Urlaubsplanung, Konflikte mit Kollegen, Wochenendplanung, Kantinenessen, Rauchen, Pausen; C: Neuigkeiten in der Familie, neue Frisur

4 1. im Formular mehr zum Ankreuzen machen. 2. wir sollten das Fest eine Woche früher machen. 3. Ich würde gerne meine Überstunden abbauen 4. Sie wieder Leiharbeiter einstellen. 5. müssen wir das hier nicht besprechen.

5 1. geschrieben; 2. gegangen; 3. verstanden; 4. gedacht; 5. genommen; 6. vergessen; 7. gesprochen; 8. gefunden; 9. gebracht; 10. angeboten

6 1. haben, geplant; 2. hat, begonnen; 3. habe, informiert, getestet haben; 4. hat, zugestellt;

5. haben, bekommen; 6. habe, beantragt; 7. haben, verbessert

7 1. konnte; 2. durfte; 3. konnten, mussten; 4. konnten, mussten

8a 1. ja; 2. nein, die Fehlerkorrektur (Akkusativ); 3. nein, das neue Produkt (Akkusativ), den Kollegen (Dativ); 4. nein, der Rechner (Nominativ)

8b Schalten Sie die Maschine bei der Reinigung aus! Der Teamleiter hat Herrn Smirnow die Fehlerkorrektur erklärt. Das Entwicklungsteam zeigt den Kollegen das neue Produkt. Der Rechner zeigt eine Fehlermeldung.

9a 1. den Wartungsplan von Halle A2 (Akk.) 2. informieren, informieren (Verb), die Kollegen (Akk.); 3. vorstellen, vorstellen (Verb), der Geschäftsführung (Dat.), das neue Produkt (Akk.); 4. liefern, liefern (Verb), den Kunden (Dat.), die bestellten Waren (Akk.); 5. schicken, schicken (Verb) unserer Rechtsabteilung (Dat.), eine Kopie des Vertrages (Akk.); 6. ruf, an, anrufen (Verb) den Hausmeister (Akk.)

11 *Zum Beispiel:* 1. Was soll ich tun: Den Werkzeugschrank ausräumen oder aufräumen? 2. Wie ist das bei Notfällen? Soll ich den Hausmeister oder den Kundendienst anrufen? 3. Sie haben gesagt, ich soll die Bestellung ausliefern. Soll ich sie sofort oder in zwei Tagen ausliefern? 4. Wie war das? Was soll ich ins Regal einräumen? Das Müsli oder die Marmelade?

12 a + 12 b 1. Kundenreklamation; 2. Materialbestellung; 3. Arbeitsbericht; 4. Dienstplan; 5. Gebrauchsanleitung; 6. Fehlermeldung; 7. Urlaubsantrag

Fachtexte knacken: Passiv

1 1, 2, 3

2a 1. werden, gefüllt; 2. können, geschützt werden

2b 1. In kurzer Zeit (…); 2. Man kann (…)

2c 1. kein Subjekt, kein Akteur; 2. kein Subjekt, Akteur: Airbags

Schreibtraining: Fehlermeldung

1 1. defekt; 2. kaputt; 3. undicht; 4. gerissen; 5. zerbrochen; 6. beschädigt

2 1. Die Scheibe ist zerbrochen. 2. Die Lampe ist defekt / kaputt. 3. Das Seil ist gerissen. 4. Das Rohr ist undicht.

3 Fehlerbeschreibung: Der Kaffeeautomat ist defekt. Er gibt (…) und macht (…). Das Display zeigt „Error 8". Die Kontrollleuchte blinkt abwechselnd (…). Fehlerursache: Wahrscheinlich hängt ein Becher fest. Eingeleitete (…): Wir haben Wasser und Kaffeepulver kontrolliert. Gerät ausgeschaltet und Netzstecker gezogen.

4 1. intakt; 2. Nutzen; 3. ignorieren; 4. zerstören; 5. schweigen

6 *Zum Beispiel:* Standort des Geräts: 2. Stock; Fehlerbeschreibung: Die Kopien sind unleserlich und die meisten Blätter kommen zerknittert aus dem Gerät. Beim letzten Kopierauftrag war ein lautes Geräusch zu hören. Fehlerursache: Ein Zahnrad am Papiereinzug ist vermutlich abgebrochen. Eingeleitete (…): Wir haben die Klappe geöffnet, konnten aber kein Papier sehen. Kundendienst benachrichtigt

Test: Lektion 8

1 1. b.; 2. a.; 3. b.; 4. c.; 5. c.; 6. b.; 7. a.; 8. c.; 9. b.; 10. a.; 11. b.; 12. b.; 13. c.; 14. a.; 15. c.; 16. c.; 17. a.; 18. c.; 19. c.; 20. b.

Lektion 9
Übungen

1 1. d.; 2. e.; 3. g.; 4. a.; 5. c.; 6. b.; 7. f.

2a a. 6.; b. 1.; c. 3.; d. 2.; e. 5.; f. 4.

3 1. Bildschirm; 2. der Tastatur; 3. Die Maus; 4. Drucker; 5. Software; 6. In der Startleiste; 7. ausschalten

4 Druckauftrag; Druckereinstellungen; Probedruck; Standarddrucker; Systemsteuerung; Windowssymbol

5a Antwort geben: 1, 2, 5; etwas tun: 3, 4

5b a. 2.; b. 5.; c. 3. / 4.; d. 1.; e. 3. / 4.

6 1. eine, meinen; 2. den; 3. der, ein; 4. ein; 5. keinen; 6. den, die

7a 1. das Dingsbums; 2. so eine Maschine; 3. das Ding aus Stoff da; 4. so Teile zum

7b A 1. Locher; B 2. Bohrmaschine; C 4. Tastatur; D 3. Küchenschürze

10a + 10b (1) Preis; (2) Rabatt; (3) Skonto; (4) Lieferung; (5) Angebot; (6) brutto; (7) netto

11a 1. möchte gern Küchenhandtücher und Spülmittel für unsere Teeküche bestellen. 2. Da kann ich Ihnen unser Büro-Komplettpaket für 99,90 Euro anbieten. 3. Ist die Lieferung im Preis inbegriffen? 4. Es kommt noch eine Versandkostenpauschale von 4,95 Euro hinzu. 5. Können Sie uns noch einen Rabatt geben? 6. Nein, das kann ich bei diesem Angebot leider nicht machen. 7. Das ist schade, aber trotzdem Danke.

12 einschalten, drücken, überprüfen, öffnen, beachten, löschen, abnehmen, halten, ziehen, bestätigen, auswählen, reinigen, ausschalten

13a 1. Vermeiden; 2. reinigen; 3. Befüllen; 4. Verwenden; 5. drücken, warten; 6. Setzen

13b 2, 4, 1, 3, 6, 5

14 von Herrn Schmitz aus; Verabredung; Dir; Kannst du; ausmachen; Wenn was ist

Fachtexte knacken: Partizip Perfekt als Adjektiv

1 2.

2a 1.

3a heruntergeladen; eingerichtet

3b das heruntergeladene Archiv; eine auf dem Windows-PC eingerichtete Netzwerkverbindung

Schreibtraining: Terminvereinbarung

1 1. passen; 2. vereinbaren; 3. freuen

2 1. sehr, geehrter, Herr, gern, Termin, vorstellen, vereinbaren; 2. die, Termin, hiermit, mich, vielen, im, anbieten

3 1. Wir haben ein neues Produkt entwickelt und möchten es Ihnen vorstellen. 2. Dafür würde ich gern mit Ihnen einen Termin vereinbaren. 3. Würde Ihnen ein Termin am Montag um 14 Uhr oder 15 Uhr passen?

4 Sehr geehrte Frau Kruse, vielen Dank für (…). Ich habe großes (…). Der Termin (…). Ich möchte (…). Wenn Sie noch (…). Mit freundlichen Grüßen Ludmila Sokolova

5 1. Termin vereinbaren; 2. passen; 3. klappt; 4. Dank, Voraus; 5. Mit, Grüßen

6 zusagen: Montag um 15 Uhr (…), Ich möchte den Termin (…); absagen: Leider habe ich (,,,), Tut mir leid, aber (…); einen alternativen Termin vorschlagen: Falls Montag 15 Uhr (…), Mittwoch geht (…), Ich kann Ihnen (…)

Test: Lektion 9

1 1. b.; 2. c.; 3. c.; 4. a.; 5. a.; 6. a.; 7. a.; 8. c.; 9. c.; 10. a.; 11. b.; 12. c.; 13. a.; 14. a.; 15. b.; 16. a.; 17. c.; 18. c.; 19. c.; 20. b.

Lektion 10
Übungen

1 Vorteile: vielfältige Berufserfahrung, Berufseinstieg, mögliche Übernahme, soziale Absicherung, Arbeitgeber kennen lernen, keine Arbeitslosigkeit, mögliche Weiterbildung; Nachteile: schlechtere Bezahlung, wenig soziale Kontakte in der Firma, unregelmäßige Arbeitszeiten, schnelle Kündigung möglich, wenig Arbeitsroutine

2 (1) meldet sich, krank; (2) sagt, Bescheid; (3) Arbeitsunfähigkeitsbescheinigung;

(4) Überweisung; (5) Arbeitsunfähigkeitsbescheinigung; (6) Krankenkasse; (7) Krankenschein; (8) Krankenkasse

3 Frau S.: schicht, übernehmen, geht, sowieso; Herr Ph.: würde, machen, müsste; Leiterin: sieht, aus; Frau G.: schon, wäre, lieber; Leiterin: trage, ein; Herr Ph.: auch, besser; Herr Ph.: Könnten, ablösen; Frau G.: gerne; Leiterin: übernimmt, springt, ein

5 *Zum Beispiel:* 1. ist am teuersten. 2. Die Latzhose ist praktischer als der Kittel, aber der Overall ist am praktischsten. 3. Die Latzhose ist wärmer als der Kittel, aber der Overall ist am wärmsten. 4. Die Latzhose ist leichter als der Overall, aber der Kittel ist am leichtesten. 5. Die Latzhose gefällt mir besser als der Kittel, aber der Overall gefällt mir am besten.

6 1. Feiertagsdienst; 2. Überstunden; 3. Betriebsurlaub; 4. Dienst; 5. Nachtdienst; 6. Bereitschaft; 7. Urlaubsplanung; 8. dienstfrei; 9. Schicht; Lösungswort: Arbeitszeit

7 Wenn: 2, 3, 5; Als: 1, 4

8 gleichzeitig: 1, 3; nicht gleichzeitig: 2, 4, 5, 6

10 1. bevor; 2. Nachdem; 3. Nachdem; 4. Bevor; 5. nachdem

11 2. der Schwindel von dem Medikament Dovoden kommt. 3. sie Besuch von ihrer Tochter bekommen hat. 4. sie sich mehr um ihre Mutter kümmert. 5. Frau Car am Tisch gefrühstückt und viel gegessen hat.

12 b *Zum Beispiel:* mit den Kindern Lieder gesungen; Würfelspiele gespielt; den Elternabend vorbereitet; den Kindern Schuhe angezogen; Berichte geschrieben

Fachtexte knacken: Schlüsselwörter

1 1.

2 a Keim; 5 x

2 b Krankheitserreger, Mikroorganismen

3 a keimarm: wenig Keime; keimfrei: vollständig frei von Keimen

3 b Desinfektion – Krankheitserreger (…) – keimarm (…); Sterilisation – alle (…) – keimfrei (…)

Schreibtraining: Arbeitsbericht

1 gemessen, abgesetzt, weggelassen, erneuert, renoviert, ersetzt, lackiert, gestrichen, tapeziert, abgeschliffen, eingebaut, kontrolliert, ausgetauscht, geholfen, durchgeführt, gehalten, installiert, betreut, aufgeräumt

2 *Zum Beispiel:* Krankenpfleger/in: Fieber gemessen, Medikament abgesetzt; Maler/in: Wände gestrichen, Türrahmen lackiert; Automechaniker/in: Motor kontrolliert, Bremsflüssigkeit ausgetauscht

3 gewaschen, angeschlossen, verlegt, aufgehängt, ausgetauscht, informiert, geschnitten, erneuert, gesehen, vorbereitet, gehoben

4 10.55: Herr Hausmann klagt über Bauchschmerzen. Blut abgenommen und Stuhlprobe geben lassen; 11.20: Herr Hausmann ist aus Bett gefallen, Unterstützung geholt, mit Frau Pu wieder ins Bett gehoben, Frau Dr. Roth über Vorfall informiert

5 1. ausgewertet; 2. verkauft; 3. nachgefüllt; 4. betreut; 5. gemessen; 6. installiert

6 Krankenpfleger/in: 1, 5; Installateur/in: 3, 4; Kaufmann/-frau: 2, 6

7 1. Frau Michelsen hat Abendessen verweigert, bitte morgen im Auge behalten! 2. Motor und Auspuff kontrolliert, da bei Testfahrt klackernde Geräusche zu hören. 3. Schimmelproblem im Bad, Decke behandelt und mehrfach gestrichen.

Test: Lektion 10

1 1. a.; 2. b.; 3. c.; 4. c.; 5. c.; 6. c.; 7. c.; 8. b.; 9. b.; 10. c.; 11. a.; 12. b.; 13. a.; 14. b.; 15. a.; 16. b.; 17. a.; 18. c.; 19. c.; 20. a.

Lektion 11

Übungen

1 1. Nebentätigkeit; 2. Helfer; 3. Aushilfe; 4. Minijob

2 a 2.

3 a 1. weil sie ein kleines Baby hat. 2. Weil die Apothekerin nicht immer anwesend sein kann; 3. denn die Apotheke hat jedes vierte Wochenende geöffnet; 4. Weil die Straße gesperrt ist; 5. denn sie gehen einmal im Monat gemeinsam aus.

3 b 1. arbeitet sie nur stundenweise. 2. Die Apothekerin kann nicht immer anwesend sein, deshalb braucht sie eine Aushilfe. 3. Die Apotheke hat jedes vierte Wochenende geöffnet, deshalb arbeitet Frau Uljanov auch samstags. 4. Die Straße ist gesperrt, deshalb werden die Medikamente später geliefert. 5. Sie gehen einmal im Monat gemeinsam aus, deshalb kennt Frau Uljanov ihre Kolleginnen gut.

4 a 1. c.; 2. h.; 3. a.; 4. d.; 5. g.; 6. b.; 7. f.; 8. e.

5 a 2. Herr Moser, ich bin nun (…); 3. Ja, natürlich (…); 4. Gut, dann (…); 5. Den Wunsch (…); 6. Na ja, mein Gehalt (…); 7. Nein, da haben (…); 8. Danke, Herr Moser.

6 a 1. Sozialversicherung; 2. Pflegeversicherung; 3. Fahrtkostenzuschuss; 4. Leistungszulage; 5. Sozialabgaben; 6. Abzüge; 7. Tarif; 8. Kirchensteuer; 9. Lohnsteuer; 10. Bezüge

6b Plus: 3, 4, 7, 10; Minus: 1, 2, 5, 6, 8, 9

7 getrennt, Lohnsteuerklasse; zusammenleben; Erwachsenen; Ausbildung; Kindergeld; Kindergeldbescheinigung; Steuernummer

8 1. werde ich arbeitslos; 2. arbeitslos bin, ich Arbeit suchen. 3. ich Arbeit suche, (dann) sollte ich Bewerbungen schreiben.

9a Bedingung: 1. a., 2. a., 3. a., 4. b., 5. a.; Konsequenz: 1. b., 2. b., 3. b., 4. a., 5. b.

9b 1. Wenn Frau Yüksel im Kindergarten mehr verdienen möchte, muss sie mit ihrer Chefin Frau Arda sprechen. 2. Wenn Frau Arda die Eltern in der Mitgliederversammlung fragt, kann sie Frau Yüksel vielleicht besser bezahlen. 3. Wenn die pädagogische Qualifikation von Frau Yüksel anerkannt wird, muss der Kindergarten Frau Yüksel besser bezahlen. 4. Wenn Frau Yüksel mit dem Klavierunterricht nicht mehr als 2400 € im Jahr verdient, muss sie für den Klavierunterricht keine Steuern zahlen. 5. Wenn Frau Yüksel Rechnungen schreibt, bekommt sie Geld für ihren Klavierunterricht.

Fachtexte knacken: Partizip Präsens als Adjektiv

1 2.

2a 1. bestärkende; 2. ermutigender

2b 1. bestärken, bestärkend; 2. ermutigen, ermutigend

3a drohen, anerkennen, zusammenfassen

3b *Zum Beispiel:* ein drohender Blick, bewertende Lehrer, anerkennende Worte, eine zusammenfassende Aussage

Schreibtraining: Rechnung

1 Betrag, Konto, Beschreibung, Gesamtpreis, Rechnung, Anzahl

2 1. Klavierunterricht, Einzelpreis, Beschreibung, überweisen, mein, liegt; 2. Unterricht, innerhalb, bitte, Steuernummer, Konto, Anzahl, Bankverbindung

3 1. Für die folgenden Leistungen erlaube ich mir Ihnen zu berechnen; 2. Bitte überweisen Sie den Betrag innerhalb von 2 Wochen auf mein Konto. 3. Es liegt keine Umsatzsteuerpflicht vor.

5 *Zum Beispiel:* Zwischensumme; Gesamtbetrag; Bankverbindung; Steuernummer; Einzelpreis; Umsatzsteuer; Lieferungsbedingungen; Kundennummer

6 *Zum Beispiel:* 1. durchgeführt; 2. ersetzt; 3. überprüft; 4. ausgetauscht; 5. erneuert

7 *Zum Beispiel:* Durchführung eines Ölwechsels, Ersetzen einer Seitenscheibe, Überprüfen der Klimaanlage, Erneuerung des Katalysators

Test: Lektion 11

1 1. c.; 2. a.; 3. c.; 4. a.; 5. b.; 6. b.; 7. c.; 8. a.; 9. b.; 10. a.; 11. c.; 12. c.; 13. a.; 14. c.; 15. c.; 16. a.; 17. c.; 18. b.; 19. b.; 20. a.

Lektion 12

Übungen

1 1. selbstständig; 2. machen; 3. arbeitslos; 4. angestellt; 5. beschäftigt; 6. Auftrag

2 1. Tag 3; 2. Tag 1; 3. Tag 2; 4. Tag 3; 5. Tag 1

3a 1. Arztpraxis; 2. Supermarkt; 3. Hotel; 4. Fleischerei; 5. Fitnessstudio

3b a. 3.; b. 5.; c. 2.; d. 4.; e. 1.

3c 1. 4; 2. 2, 3; 3. 1, 5

4 (1) das tut mir aber leid. (2) ich Ihren Ärger wirklich verstehen. (3) hätte nicht passieren dürfen. (4) das kriegen wir hin. (5) selbstverständlich

5 möglich: 1, 3, 6, 7; unmöglich: 2, 4, 5, 8

6a 1. Glückwunsch; 2. Angebot; 3. Bestellung; 4. abgeben; 5. Aufgabe

6b (1) Beschwerde; (2) Lieferung; (3) Bestellung; (4) zurücksenden; (5) Fehler

7 1. die neue Kamera; 2. die falsche Lieferung; 3. den Versand; 4. die Wartezeiten; 5. Fehlern; 6. das Verständnis

9 (1) dem; (2) der; (3) den; (4) der; (5) den; (6) den; (7) der; (8) dem; (9) den

10 1. einem, unserem, meinem; 2. einem, meinem, ihrem; 3. einem, unserem, Ihrem; 4. seinem, keinem, unserem; 5. unserer, Ihrer, einer; 6. Ihrer, deiner, keiner

11 *Zum Beispiel:* A: 1. Ich empfehle Ihnen ein Gericht von der Tageskarte. 2. An Ihrer Stelle würde ich das Fischgericht nehmen. 3. Wenn ich Ihnen einen Rat geben darf: Kartoffeln passen sehr gut dazu. 4. Wenn Sie wollen, kann ich Ihnen auch eine Gemüsebeilage bringen. B: 1. Ich empfehle Ihnen diese Waschmaschine. 2. Wenn Sie wollen, kann ich Ihnen gern eine günstigere zeigen. Hier …; 3. An Ihrer Stelle würde ich dann diese für 8 Kilo Wäsche nehmen. 4. Wenn ich Ihnen einen Rat geben darf: Nehmen Sie diese weiße, grau ist allgemein nicht sehr beliebt.

12 1. Schreiben Sie bitte hier Ihre Adresse auf. Würden Sie bitte hier Ihre Adresse aufschreiben? 2. Kannst du bitte dein Werkzeug aufräumen? Könntest du bitte dein Werkzeug aufräumen? 3. Fahrt bitte morgen direkt zum Kunden. Könntet ihr morgen bitte direkt zum Kunden fahren?

Fachtexte knacken: Nominalisierungen

1 1.

2 2. melden; 3. ausgeben; 4. staubsaugen

3 die Wasch- und Trockenautomaten beaufsichtigen; die Bodenbeläge wischen; den Schnee räumen; die Verkehrsflächen streuen

Schreibtraining: Antwort auf eine Reklamation

1 entschuldigen, persönlich, schicken, rechtfertigen, Missgeschick, falsch, versprechen

2 *Zum Beispiel:* 1. geehrter; 2. möchte, entschuldigen; 3. war, Fehler; 4. können, anbieten; 5. kommt, vor

3 Sehr geehrter Herr Klein, vielen Dank für Ihre Mail. Es tut mir sehr leid, dass das Bett nicht pünktlich geliefert wurde. Wir können am nächsten Montag liefern und bieten Ihnen als Entschädigung einen Gutschein im Wert von 100 Euro an. Ich hoffe, ich konnte Sie mit dieser Lösung zufrieden stellen.

Für Rückfragen stehe ich Ihnen gerne zur Verfügung. Mit freundlichen Grüßen Christine Wimke

4 Sehr geehrte Frau Tarasian, vielen Dank für (…). Ihren Ärger über (…). Ich kümmere (…). Aufgrund der (…). Mit freundlichen Grüßen Bernd Edike

5 1. danken; 2. anbieten; 3. bedauern; 4. sich entschuldigen; 5. liefern

6 1. Den Fehler bei der Lieferung bedaure ich sehr. 2. Gern kommen wir Ihnen im Preis entgegen und (…). 3. Selbstverständlich werde ich mich persönlich um das Problem kümmern. 4. Für Ihre nächste Bestellung schicke ich Ihnen einen Gutschein zu. 5. Für die Unannehmlichkeiten möchte ich mich noch einmal entschuldigen.

Test: Lektion 12

1 1. a.; 2. b.; 3. c.; 4. b.; 5. a.; 6. c.; 7. b.; 8. b.; 9. a.; 10. b.; 11. a.; 12. a.; 13. c.; 14. b.; 15. a.; 16. b.; 17. c.; 18. a.; 19. a.; 20. c.

Bildquellen

Textquellen